引爆执行力

FIRING FORCE

夏靓（晴夕）◎著

中国友谊出版公司

图书在版编目（CIP）数据

引爆执行力 / 夏靓著 . — 北京：中国友谊出版公司，2020.4

ISBN 978-7-5057-4543-8

Ⅰ . ①引… Ⅱ . ①夏… Ⅲ . ①组织管理学 Ⅳ . ① C936

中国版本图书馆 CIP 数据核字 (2020) 第 015586 号

书名	**引爆执行力**
作者	夏 靓
出版	中国友谊出版公司
发行	中国友谊出版公司
经销	新华书店
印刷	河北鹏润印刷有限公司
规格	880×1230 毫米　32 开
	8 印张　128 千字
版次	2020 年 4 月第 1 版
印次	2020 年 4 月第 1 次印刷
书号	ISBN 978-7-5057-4543-8
定价	46.80 元
地址	北京市朝阳区西坝河南里 17 号楼
邮编	100028
电话	(010) 64678009

前　言

　　我在香港中文大学求学的时候，文化研究系的张历君教授给了我很深的影响。他曾在课堂上与学生们探讨：什么是精英？精英具备哪些特质？

　　精英一词最早出现在 17 世纪的法国，意指"精选出的少数人"和"优秀之人"。在 4 个世纪后的中国，这个词的意义发生了微妙的变化。精英的含义，似乎被更多地阶级化以及物质化了。

　　如果把精英看作一个阶级，那它一定不是一个"门槛性"的阶级。

　　经济所划分的阶级是有门槛的。"中产阶级"和"富裕阶级"就有着数据上的明显划分，例如"年收入在×××万元以上"，这就是门槛。

　　"精英"却有所不同，他们在一个范围内上下波动，不以人的收入、地位为衡量标准。扎克伯格在创办脸书（Facebook）之前就已经是精英了；乔布斯当年即便被苹果公司开除，他也还是属于"精英阶级"。

精英在大体上是类似的。当我们观察精英们的生态时，我们可以看到一些特点。

我们会发现，不同国家、不同文化体系之间，人与人之间的区别特别大。不论是生活习惯、道德体系还是文化思想，都不尽相同。

为什么会产生这样的区别？因为长久以来，底层之间是相互隔绝、彼此不交流的。在古代，交通的不便和文化的独特性让外部交流变得十分困难，人们只能和自己身边的人交流，甚至一辈子都被困在一个地方。我们都知道江南地区有"十里不同调"的说法，这就是一个因为地理隔绝了人们交流的典型例子。哪怕到了互联网如此发达的今天，因为语言和学识的差异，大多数人的交流也仅限于全国范围内。

但精英却恰恰相反。你会发现，精英群体具备高度重合的特征。

比如说，他们接受的是同样类型的教育体系，因为他们基本上就毕业于那100多所大学。虽然各个国家的大学风格总体上差别很大，但顶尖名校的制度却都是类似的，培养出来的学生都具备极强的专业素养、缜密的逻辑思维能力、优秀的英语表达能力、卓越的领导力和团队合作能力。

还比如说，他们凭借资本的流动，可以和来自不同国家和地区的其他精英进行交流与合作。在这种交流中，他们掌握了一套共通的、放之四海而皆准的交流方式，形成了一套被普遍认同的价值观，只有具备这样的能力和技巧，才能帮助他们在频繁的交流和重要的沟通上不断被认可，并持续前行。

这就是为什么我们要从精英的特征来讲起。在精英阶级的多种共通之处中，"具备强大的执行力"正是排在前列的一个普遍特征。如果你希望变得不平凡，那你就需要学会运用这种能力。

提到执行力，你的脑海里一定浮现出了一些具象的概念。很多人会简单粗暴地把执行力归结为行动力：现在就去做某件事。诚然，行动力是执行力体系的关键一环，但我们绝不能错误地把二者画等号。

那么，到底什么样的人，才算是具备高度的执行力呢？

执行力的早期研究者和实践者，霍尼韦尔前任总裁、CEO 拉里·博西迪这样定义"执行"一词："执行，就是目标与结果之间的桥梁。"

具备执行力的人，就是可以搭建起这种桥梁的人——他们总是能准确判断出什么才是值得投入精力的事情，高效、高质地完成任务，并持续保持健康的体魄与心态。

我们在这本书里所探讨的执行力，不是某个单独的方法论，而是一套构筑执行方案的体系。例如，低效能的生活是怎样的？缺乏执行力会有什么样的危害？为什么你的执行力低下？你又该如何成为一个更专注、更冷静、更高效的个体？

希望看完这本书后，你可以得出足够清晰地答案，也希望这本书可以切切实实地帮助你改变自我。

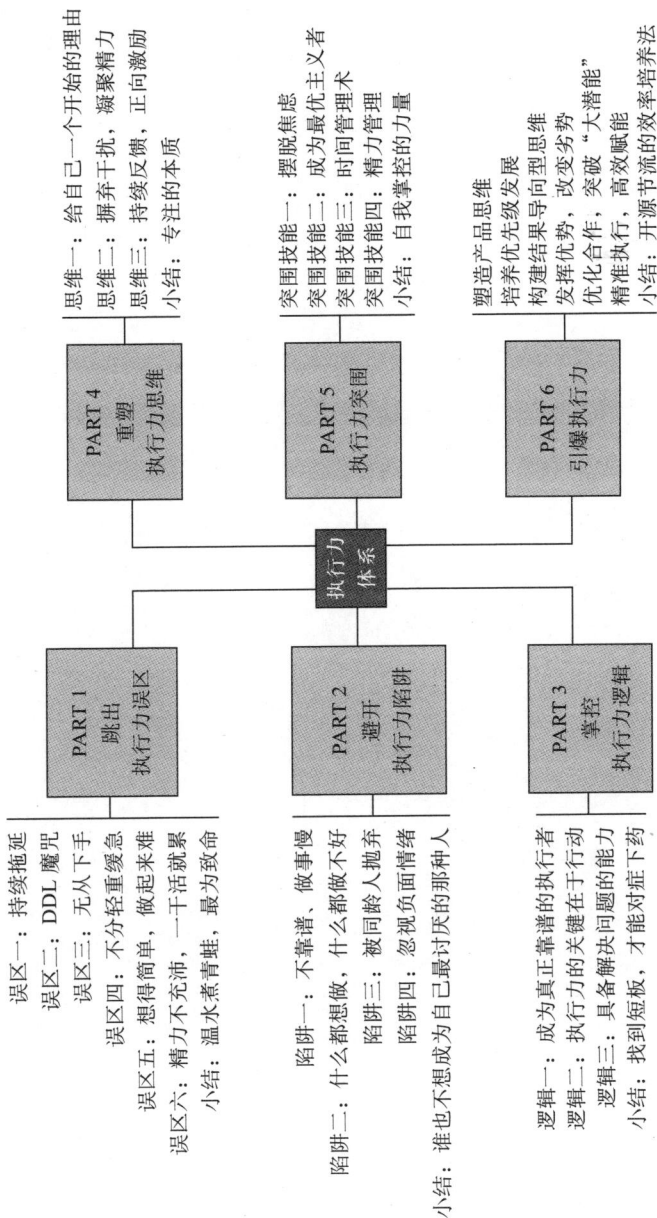

执行力体系

PART 1 跳出 执行力误区
- 误区一：持续拖延
- 误区二：DDL 魔咒
- 误区三：无从下手
- 误区四：不分轻重缓急
- 误区五：想得简单，做起来难
- 误区六：精力不充沛，一干活就累
- 小结：温水煮青蛙，最为致命

PART 2 避开 执行力陷阱
- 陷阱一：不靠谱，做事慢
- 陷阱二：什么都想做，什么都做不好
- 陷阱三：被同龄人抛弃
- 陷阱四：忽视负面情绪
- 小结：谁也不想成为自己最讨厌的那种人

PART 3 掌控 执行力逻辑
- 逻辑一：成为真正靠谱的执行者
- 逻辑二：执行力的关键在于行动
- 逻辑三：具备解决问题的能力
- 小结：找到短板，才能对症下药

PART 4 重塑 执行力思维
- 思维一：给自己一个开始的理由
- 思维二：摒弃干扰，凝聚精力
- 思维三：持续反馈，正向激励
- 小结：专注的本质

PART 5 执行力突围
- 突围技能一：摆脱焦虑
- 突围技能二：成为最优主义者
- 突围技能三：时间管理术
- 突围技能四：精力管理
- 小结：自我掌控的力量

PART 6 引爆执行力
- 塑造产品思维
- 培养优先级导向型思维
- 构建结果导向思维
- 发挥优势，改变劣势
- 优化合作，突破"大潜能"
- 精准执行，高效赋能
- 小结：开源节流的效率培养法

· 目录 ·

PART 1　跳出执行力误区

PART 2　避开执行力陷阱

PART 3　掌控执行力逻辑

PART 4　重塑执行力思维

PART 5　执行力突围

PART 6　引爆执行力

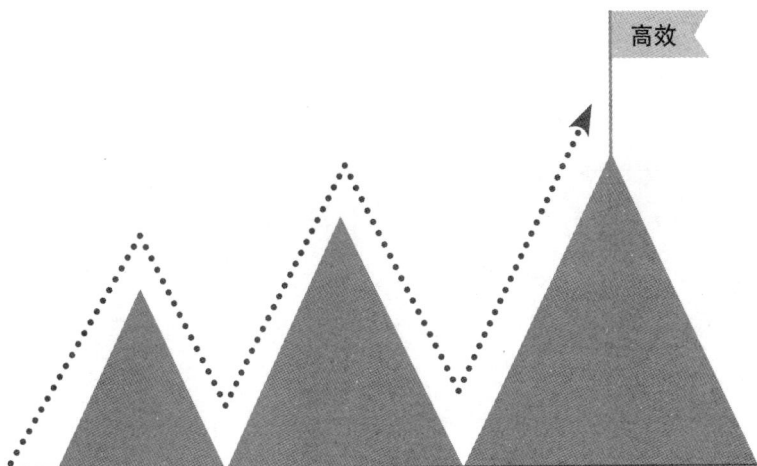

高效

PART 1

跳出执行力误区

误区一：持续拖延

周一，领导交代给你一项重要任务：本周五要拿出一个客户提案，你需要根据策划案做一份精美的PPT，同时准备好演讲稿。

你把策划案拿在手里掂了掂，评估了一下："这些内容只要用一个下午的时间就能够完成了，慢慢来，不着急。"

在这种优哉的心态下，你开始了第一天的工作：先整理了一下办公桌，然后给花浇了水，再喝杯咖啡，紧跟着早餐外卖到了……一个上午的时间，就这么晃悠着过去了。

到11点了，你开始有了点紧迫感——今天还什么事情都没有做呢！于是你打开电脑，花了很久很久，终于选中了一个满意的PPT模板。

转眼吃完午饭就到了午休。中午睡一觉,下午再玩会儿手机,同事喊你做了些琐碎的事情……等你回过神来,一天已经过完了。

你安慰自己说:"我晚上加个班,把框架搭出来。"

然而一下班,你就回到了自己的出租屋,洗个澡后躺平"装死",什么也不想做。

"明天吧,明天一大早就去做。"你这样想着。虽然心里的石头并没有落地,但这一点也不影响你进入梦乡。

这样"无法开始工作"的情景,日复一日地出现在你的生活当中。其实如果真"逼"你一下,你也做得很迅速。比如说,等到工作截止前一天,领导问你:"差不多做完了吧?"

你赶紧回答:"差不多了,差不多了!"

紧跟着你听到一句:"好的,那这儿还有个新的工作要给你,你过来一下……"

你两眼一黑,领导的声音就像"催魂"似的,催得你赶紧拼命干活。原先怎么也开始不了的工作,此时在高压下进度很快突破 50%。熬夜加班完成后,你怎么也想不明白:就这么点事情,自己之前怎么不去做呢?为什么无论如何就开始不了呢?

误区二：DDL 魔咒

DDL，全称 deadline，意为"死线"。它还有一个更通俗易懂的翻译：截止期限。小时候，我们最怕老师说"明天就要考试"，这意味着头一天晚上会复习到很晚。"截止期限"的英文则更加传神，由 dead（死亡）和 line（线）组成，意味着如果你在那之前完不成任务，你就要"死翘翘"了。

也难怪常有人调侃说，DDL 是第一生产力。

任务总是有交付时间的，因而，我们每天都在和 DDL 做斗争。正常来说，你的工作应该是这样的：

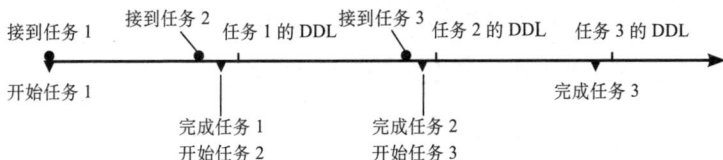

- 在你接到任务 1 后，立刻开始工作。

- 任务 1 快要完成时，任务 2 已经安排给你了。

- 在任务 1 的 DDL 之前，完成第一项工作，交接给需要的人，然后开始任务 2。

- 由此形成一个良性循环。交代给你任务的人感到满意，你也乐于维持这种工作状态。

这样做的最大好处是：工作节奏感好。你能感受到一种"很舒服"的工作节奏，工作是在你的掌控中的，每一步你都走得很稳。

但事实上，你的工作进度很有可能是这样的：

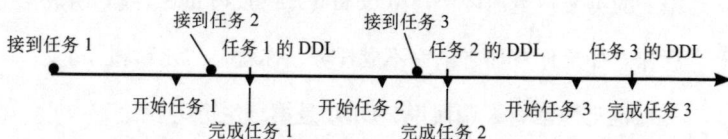

接到任务 2   接到任务 3
接到任务 1   任务 1 的 DDL   任务 2 的 DDL   任务 3 的 DDL

      开始任务 1   开始任务 2   开始任务 3   完成任务 3
          完成任务 1   完成任务 2

- 刚接到任务 1 的时候，你迟迟不肯开始，一直在拖延。

- 好不容易做了一点，但时间已经临近任务 1 的 DDL 了，这时候任务 2 突然砸了过来。

- 你熬着夜、加着班，终于把任务 1 做完了，你想着歇一会儿吧，于是任务 2 又拖了不短的时间。

- 最终，恶性循环的结果是：你永远都在赶 DDL。

所以，你发现最大的区别所在了吗？

赶 DDL 的恶性循环就像熬夜一样：你今天晚睡，明天就会晚起；今天晚起，晚上就会晚睡，第二天再晚起……

另一方面，它也和熬夜一样：其实你有无数次机会去纠正这种恶性循环，但你不知道该从何下手。

误区三：无从下手

你有没有想过，面对 DDL 魔咒，你无从下手的原因到底是什么？

其实，让你真正无从下手的并非 DDL 魔咒，而是不知道该如何解决一项复杂的任务。

很多的时候，老板给你的工作是一个很宽泛的要求。

比如说："'双 11'要到了，小刘，你写一个活动策划吧。"

你可能很蒙："活动策划？什么活动的策划呢？"

老板回答你："很简单，促销活动啊！你看看有什么能打折的，打个折，再发点优惠券，弄弄什么满赠，就是平时那一套啊！"

紧跟着，老板表示他现在很忙，给了你一个 DDL，然后就让你回去了。

你一个人面对这个老板眼中"很简单"的任务，陷入了沉思……

其实你的脑海里已经有了一些零碎的想法，你大概知道老板想要的是什么，但你不知道该怎么系统地整合起来，或者说不知道第一步该怎么开始。

像这样的策划，其实自己很容易琢磨出来解决办法。比如说，找前辈要一份曾经的策划，"依葫芦画瓢"，你也就能做出来了。

但如果是更复杂的任务呢？如果给你一个看上去不可能完成的任务呢？如果没有任何"先例"给你做参照呢？那么，你该怎么办？

2019 年，百度公司在离春节只剩下 1 个月的时候，通过竞标拿下了 2019 年春晚的互动权。

面对春晚那如同惊涛骇浪似的流量爆发，阿里（阿里巴巴公司的简称）都是提前 3 个月就开始准备了。即便如此，BAT[1] 中的阿里和腾讯都没能顶过这样的流量海啸，纷纷折

---

1. BAT：是百度公司（Baidu）、阿里巴巴集团（Alibaba）、腾讯公司（Tencent）三大互联网公司首字母的缩写。

载，在"摇一摇"抢红包的环节出现了不同程度的宕机[1]。

2015年，微信与春晚展开首次合作，除夕当晚，抢红包的"摇一摇"互动高达110亿次。因为缺乏经验，腾讯显然低估了春晚的"威力"，用户在抢红包的时候，不断地被提示"出错""无响应"，宕机长达1小时。

2016年，支付宝拿下了春晚的红包合作权。虽然支付宝团队做好了心理准备，但他们完全没想到，那一年的除夕夜，"摇一摇"互动的参与总量达到了惊人的3245亿次，是2015年的29.5倍……很不幸，支付宝也宕机了。

2017年，支付宝依旧是春晚的合作方，也依旧没能挺过去。

2018年，扛过多年"双11"的淘宝拿下了春晚互动权。为了应对极端情况，淘宝团队在2017年"双11"的基础上又扩容了3倍。本以为这回"稳了"，结果依旧折戟——因为当晚的登陆峰值超过了2017年"双11"的15倍。

到了2019年，阿里和腾讯是被折腾够了，这两家不约而同地没有去参与春晚互动的竞标。也就在这一年，百度

---

1. 宕机：计算机术语，指操作系统无法从严重系统错误中恢复过来，以致系统长时间无响应。

接过了"春晚红包"的大旗，同时接过的还有同行们同情的眼神……

此时此刻的百度，只剩下 1 个月的时间，却要扛过这样一场硬仗。

百度高层下了死命令：这场仗，一定要打赢！意思就是必须在百度 App 不宕机的情况下，完成春晚互动任务，给每一个参与的用户带来良好的体验。

这样的任务交给你，你知道该怎么做吗？

腾讯完不成，阿里完不成，从来就没有一家互联网企业完成过，那凭什么百度可以完成？

我可以告诉你的是：百度还真的完成了。那是这么多年来，春晚唯一一次"摇一摇"圆满成功。

为了抗住春晚的流量海啸，百度干了这么几件大事：

- 精确计算出了春晚当天会面临的流量总数，据此投入相应的资源。

- 百度旗下的所有产品为春晚让路，包括百度的"现金奶牛"广告业务。

- 面对 5 万台服务器的缺口，百度团队整合了全球供应链，把全世界的服务器产能都集中了起来。

（还有其余的多项安排，不在此赘述。）

这其中每一件，都不是一般企业能快速完成的事，但百度搞定了。它的"首次突围春晚"，被载入中国互联网史册。

这种成功超脱于具体的执行层面。它是一种方法论上的成功，其核心在于：所有复杂的任务，无论多么高压，都有一个理论上的解决办法。它并不特殊，也非就事论事，而是一套适用于各种类型任务的核心逻辑。

哪怕你最后因为种种原因导致任务失败了，但那也是其中某一环在执行过程中出现了问题。关键是，你的心里要如明镜一般，清楚第一步怎么做，第二步怎么走，最终达成什么样的目标。

如果你脑海里的思维足够清晰，那你就永远不会害怕"面对任务无法下手"这样的情况出现。

误区四：不分轻重缓急

有些人似乎看起来很忙碌，每天都在马不停蹄地努力学习、努力工作，但把时间拉长，按月看、按年看，他又似乎并没有什么变化。

在专业领域没有突飞猛进，没有做出什么重要的成果，可能除了腰围和体重往不太好的方向变化了以外，其余的都平平淡淡。

最可怕的是，他们当中的一部分人还特别擅长自我感动。

在每一天忙碌结束后，他们都感到非常充实，觉得"今天也是很努力的一天"，然后心安理得地结束了今日的工作。

他们并没有意识到，自己整理了一天的数据，可能其他人用几行代码就可以自动搞定；他们也没有意识到，今天和同事讨论得热火朝天的想法，其实不一定能够落地；他们甚至没有意识到，自己整天都在做琐碎的事情，并没有参与到核心项目中，自己随时都有可能被替代……

这一切都指向一个核心矛盾：没有抓住重点。也就是说，在不重要的事情上浪费了太多的时间。

不重要的事情有什么特征？你可以对号入座一下。

不能产生收益的重复性劳动

这又涉及两种情况。一种是工作本身就是重复性劳动，比如说客服、新媒体"搬运工"等等。这些没有创造性的工作，本质上就是廉价劳动力，在消磨你的青春。等到你年龄增长，熬不了夜又不具备"性价比"的时候，有的是"新一茬儿"低薪劳动力取代你。

另一种情况是你的工作具备一定的创造性，但你在无谓的"打杂"上花费了太多时间。比如说，你是一名运营，你需要分析数据，但你不会活用电子表格的函数公式，于是面对海量的数据，你只能焦头烂额地按计算器……这就属于无谓的重复性劳动。

是的，重复性劳动总要有人做的——但是为什么非得是你呢？

不切实际的计划

无论是生活还是职场，最怕的是"空想"。每一年，创投圈里都有无数的新点子诞生。创业者们带着计划书在一线城市奔走，但投资人往往只用几分钟的时间就能否决这个项目的可行性。

即便是在工作中，我们都经常为自己一些"绝妙"的想法而感到欣喜，恨不得现在就去执行。但现实往往是：在所有比较成熟的产业里，你眼中的"新大陆"都是被他人证明过的不可行方案，而拿太多时间去空想，并不会起到实质效果，还不如先把眼前的事情做好。

与工作无关的琐事

如果你没有刻意去计算，你可能很难想象自己每天要在琐事上花多长时间。喝杯咖啡、刷刷手机，看上去只是一时半刻的休闲，但实际上几个小时很容易就溜走了。

有些人喜欢清闲自在，以至于特意去选择一些清闲的工作。但你处于人生积累期的时候，是最需要高效的工作来促进成长的。如果你对自己的个人发展抱有希望，那就要好好注意自己的时间分配，不要让日常琐事占据你太多的时间。不妨多关注一下极简主义的生活方式，在生活中进行一些"断舍离"。

误区五：想得简单，做起来难

对于一些异想天开的想法，只要一开始行动，你就知道无法实现，"碰钉子"几乎是必然的结果。但面对实打实的任务，情况可就不是这么回事了。

这些任务有可能和你平时做的相差并不多，都是你做惯了的，所以刚接到手的时候，你感觉"很容易"，信心满满地表示"没问题""都交给我"。

紧跟着你的拖延症发作了，任务被你丢到了一边……

等你终于开始着手去做的时候，你发现问题接踵而至：缺数据，缺素材，缺支撑材料……总之，缺什么的都有。

有的时候什么都不缺，万事全凭你的大脑运转。可是明明想好的设计，却无法变成你想要的效果图；明明想好的内容，却无法形成逻辑连贯的文字……看起来简单的工作，有的时候真的不简单。

眼看着 DDL 越来越近，碰到"坎儿"你还是过不去，焦虑感不断袭来。

会出现这种情况，往往是前面几种现象综合作用的结果。一方面是拖延，留下的时间不充足，所以越做越着急；另一方面是对工作没有清晰合理的认知，不会拆解工作，因此会产生"直到真正动手去做了，才发现问题这么多"的状况。

正因如此，我们面对每一项工作，都应该有敬畏之心，因为大意和懒惰有可能造成非常大的损失，甚至让你难以承受。

误区六：精力不充沛，一干活就累

打过游戏的人都知道，传统 RPG 游戏[1]的角色一般都有"红条"和"蓝条"，分别对应你的 HP（血量）和 MP（魔法值）。后者用于技能输出，不过即使魔法值全部耗光，你也活得好好的；前者就至关重要了，血量没了你就"挂了"。

效率、时间管理等，其实都是你的蓝条，它能帮助你释放技能，打出更多的伤害值——也就是做出工作成果来。

但我们往往忽视了自己的精力总量，它才是我们的红条，是血量。如果你压根连走路的力气都没有，脑子转得再快，你也没力气做输出。

---

1. RPG 游戏：角色扮演游戏（role-playing game）。

在评估自己的工作效率之前，我更建议一个人优先评估自己的总精力。

比如说，你可以做一个计算：你全情投入工作，一天能工作的总时长是多久？

这个计算是很严格的，因为你要探究的是自己的"极限值"。你可以遵循这样的步骤去进行：

- 开一个秒表做计算。开始工作了就进入计时，中途休息的时候暂停计时，等回来工作的时候再次计时。
- 只要是处于工作时间内，就必须让自己马力全开，尽全力去输出。
- 除了必要的吃饭、去洗手间和休息（比如午睡 30 分钟），不再给予自己任何的娱乐时间。
- 一项工作做完后，立刻开始进行下一项。
- 思考的过程也算在工作时长内。只要你的大脑在运转，就计入工作时间。
- 工作到你实在进行不下去为止。判断"实在不行了"其实很简单，这个时候你的大脑会非常疲惫乃至焦虑，大脑告诉你"必须需要休息"，那这个时候就可以停止了。

这样的计算大概会耗费你一个工作日的时间，但你可以由此知道自己的极限值是多少。我曾经在知乎上做过一个小调查，让我的知友按照这套方式做计算，回复我的知友都是工作出色、效率非常高的人，但他们最终的极限不过 6~8 个小时。其中也有一位达到 14 个小时的牛人，但他大概需要 3 天去恢复。

顺便一提，我自己的极限是 6.5 个小时。超过这个时间，我就会觉得烦躁不堪，什么工作也进行不下去了。

这个结果其实是出乎很多人的意料的，包括我自己。

在我真正去做计算之前，我曾经以为自己可以全力输出 10 个小时。但事实证明，6.5 个小时足够让我崩溃了。

国家规定的工作时长是每天 8 小时，但其实去掉吃饭、午休和开会，你能干 4~5 个小时的活就很不错了。而且，这期间并不需要你全情投入，一般都是干一会儿、歇一会儿。

所以，这就涉及一个问题：当你开始逐步提高自己的效率去寻找更有效的工作方法时，这对你的精力的消耗是成倍增加的。平时习惯了缓慢节奏的你，一旦进入这个状态，很快就会感觉到疲惫，也就是"一干活就累"。

这很有可能导致两个不良后果。

其一，你的提高执行力之旅，还没开始就结束了。因为精力的限制，你发现自己根本就做不到，很快产生了挫败感。要知道，精力消耗殆尽后是非常可怕的，人很难和自己的生理需求做斗争，它会限制你的长远发展。

其二，你凭借着强大的毅力坚持了三五天，然后病倒了。这种对极限的暂时性突破，只会带来更大的反噬。当你彻底病倒后，可不是睡一晚上就能恢复的问题了，你接下来几天都会无法好好工作，于是你提升 MP 的计划又被阶段性搁置。

实际上，如果你开始改变自己，一时的困难和挫折总会出现的。但可怕的是，你对精力的概念一无所知，所以遇到挫折后不知所措，只会选择逃避和放弃。

因此，你必须要对自己的极限做测试，由此产生一个清醒的认识。要学会接受自己的精力暂时不足，并逐步地通过饮食、调整作息去提升自己的"血条"，最终促使效率提升，产生长远的改变。

温水煮青蛙，最为致命

其实，在你的日常生活中，可怕的并非出现问题，因为人人都无法做到尽善尽美。真正可怕的是不把问题当回事，在"温水煮青蛙"中逐渐失去自己的竞争力，等到想要改变时，已经来不及了。

每天疲于赶进度，在琐事上浪费时间，稍微难一点的工作就无从下手……这些问题一点一点地侵蚀着你，最终将导致你丧失信心，不断地进行自我否定，一遇到难题就却步，内心轮播着"我不行、我做不到"。

提高执行力，需要从基础的问题着手。你得先认识到自己存在怎样的问题，逐一解决掉，再去思考进阶的方法。美团 CEO 王兴回到母校清华演讲的时候，曾向他的师弟师妹们说："别不把自己当回事，也别太把自己当回事。"即告诉场下的人，不要失去信心，亦不要失去清楚自身不足的认知能力。

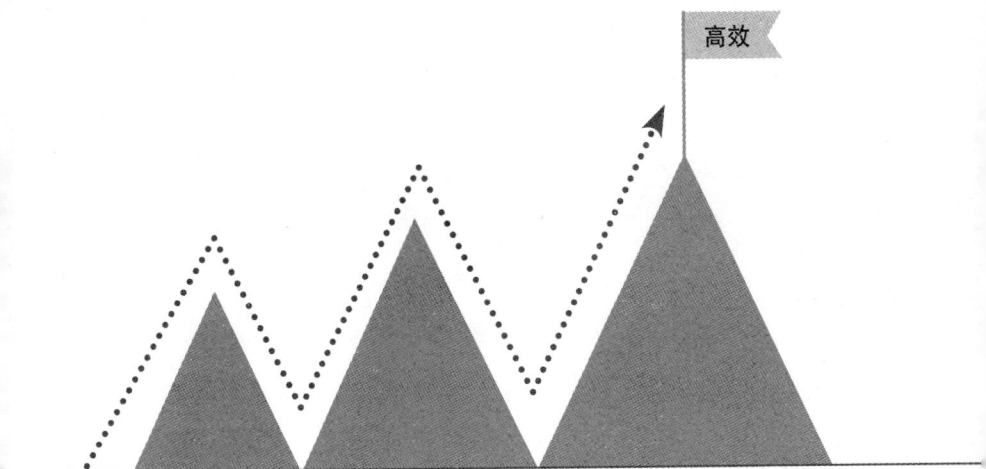

高效

PART 2

避开执行力陷阱

陷阱一：不靠谱、做事慢

有些人会觉得"慢慢来"挺好，还搬出"慢工出细活"的老话来，但他们真的慢慢去做了，也不一定能出"好活""细活"，反而可能会失去合作伙伴的信任，从而与未来的机会擦肩而过。

要知道，执行力低下，真的没有你想象中那么无所谓。

执行力低下的人，会遇到这样 3 种状况：

- 如果别人交代给你的第一个任务你就做不好，那你可能会被判定为"能力不行""不靠谱"，以后干脆就不再交给你类似的工作。如果你找不到其他证明自己的机会，那你便可能永远都干"杂活"，或者被逼着换环境。

- 若你在面对任务时因为担心自己交不出满意的答卷而选择"慢慢来"，结果错过了 DDL，那你又有可能被贴上"做事太慢""效率太低"的标签，以后遇上紧急且重要的工作，就不会有人敢找你挑大梁，你无形中又错失了很多机会。
- 你或许是一个性格外向的人，主动积极地招揽任务，但如果你本身执行力不够，你在别人眼中又会变成那种爱把事情包揽身上却干不好活的人，被贴上"浮躁"的标签，总之也是不靠谱。

执行力不够，简直步步都是坑，步步都是错。

或许你会问：那到底什么样的人才是靠谱的？

归根结底，正确的"通关姿势"只有一个：在不干扰他人的情况下，把交代给你的任务按时、按质、按量地完成。

能做到这句话，你绝对会被认为是个合格、靠谱且能挑大梁的好队友。

但你看，这句话的另一面，不正是"执行力"吗？

做得好，就是正面标签，机会将不停地落在你身上；做不好，就是负面标签，机会将离你远去。

要知道，给自己贴上一个负面标签非常容易，你只要搞砸一件事就行了，再多一点都不需要；但想把负面标签撕掉，再把正面标签贴上，却非常困难，因为你只有做好无数件事，才能让他人有些许改观。

不靠谱的人常会走两个极端，这两个极端还很容易叠加。

- 极端一：能力不行。这也不会，那也不行，甚至还自我认知不足，觉得自己特别厉害。
- 极端二：心浮气躁。太想出成绩，太急于有所成就，只付出了一点儿努力就希望短时间内能看到回报，心不静。

知乎上有一个 7000 多人关注的问题，很好地概括了这两个"负面标签"叠加起来是什么样子：想学的东西太多，而自己的学习能力不足，心里又很着急，由此非常焦虑，怎么办？

提这个问题的人真是太耿直了。不过，他好歹还能认识到自己的问题所在，已经很不容易了。

你不妨思考一下，自己是否在一定程度上有这两种倾向？

如果真的有，那你就该警惕了。从你 18 岁成年的那一天开始，社会便不再对你宽容，没有那么多成长的时间和空间来让你慢慢适应。总有一些人做出的决定会影响你的未来，他们给你的每一个机会都至关重要，一旦这些人给你贴上了能力不行、心浮气躁的负面标签，那你只能把机会拱手让人。

更要命的是，好的机会一定是连环存在的。你会因为上一件事情的成功，得到下一个重要任务的机会。这也就意味着一旦你在任何一环给人留下了不好的印象，都有可能导致全线崩盘。

所以，千万不要单纯地以为执行力是个加分技能。在绝大多数情景下，它是确保你拿及格分的关键所在——因为你需要首先把事做好，才能得到那些关键人物的肯定。

陷阱二：什么都想做，什么都做不好

当代很多年轻人都渴望成为斜杠青年，微博上甚至出现了一条名为"没有副业的我太难了"的热搜。年轻人想折腾的事情实在太多了，我的知乎上几乎每天都能收到这样的私信：我想写文章给自媒体投稿，该怎么办？我想搞一个微信公众号，怎么样去引流？我想开一家淘宝店，你觉得做什么行业比较好，能教教我吗？

在很多人眼中，似乎只要掌握一定的技巧，他们就可以获得稳定的副业收入，运气好的话，还能把副业做成主业。

我的朋友圈里便有人陷入了这样的副业焦虑症，他们会把各种方法全都尝试一遍：给微信公众号投稿，兼职炒股，在朋友圈做小生意……忙了一大圈，也不见得有什么特别的成效。

其中有一位十分挫败地告诉我说："我好像除了执行力以外什么都没有。"

我实在有点看不下去，没忍住回复道："不，你只是行动力强而已，离执行力还差得远。"

执行力绝对不仅是"遇到事情立刻去做"那么简单。这一概念最早由美国企业家、哈佛商学院管理学教授保罗·托马斯和剑桥大学博士、杜克大学商学院教授大卫·伯恩共同提出，被通俗地认为是"将计划落到实处的能力"。

在此后的 20 年里，执行力的内涵被不断地扩充。其中，最使我得到启发的，便是曾担任过通用电气公司首席执行官和霍尼韦尔公司总裁的美国企业家拉里·博西迪提出的定义："执行力不是简单的战术，而是一套通过提出问题、分析问题、采取行动的方式来实现目的的系统化的流程。"

这套方法细化来看，包括：准确预判什么才是真正重要的事情；强大的时间管理能力；极致专注，极致高效；对自身优势的巧妙利用；等等。

那些什么都想做却什么都做不好的人，缺乏的正是这些执行力的必要内核。

大多数人是想到什么就去做什么，想一出是一出，发现不行了就很快放弃，总是三分钟热度。

稍微好一点的，能坚持下去，但根本坚持不到点子上。因为他们做的事情并非自己所擅长的，或者根本没有站在风口上，平白浪费精力。

极少数天赋不错、运气也不错的人，撞在了风口上，取得了一些小成绩。但那并非能力所致。运气只能管一时，早晚会遇到瓶颈，更何况好运的人本来就是极少数。

在前文我就强调过：最忌心浮气躁。也许你平时更爱用焦虑这样的词语来掩盖自己的浮躁，殊不知你掩饰来掩饰去，最终骗的只有你自己。因为你的人生怎样，与他人没有关系，最终承担一切的也只有你自己。

偏偏有些自媒体还在不断地鼓吹焦虑，鼓动年轻人的浮躁情绪。

2018年4月，一篇名为《摩拜创始人套现15亿背后：你的同龄人，正在抛弃你》的文章全网刷屏。它讲述了胡玮炜是怎样从名不见经传的小记者转变成了一位女性创业者，又是怎样在3年里把摩拜单车发展壮大，最终将业务卖给美团，套现约15亿人民币。作者为了佐证他的观点，又接着举了"李叫兽"的例子（李靖，清华大学硕士，他创办的营销公司在他25岁那年被百度收购，他也于同年加入百度担任副总裁）。在该文章作者的眼中，根本不存在"匀速前进"的同龄人，"要么一骑绝尘，要么被远远抛下"。这样一篇文章，一下子便刺激到了无数80后、90后敏感的神经，把众人的焦虑抬到了顶峰。随后，反噬正式开始，各界的批判声不绝于耳。

即便我们都清楚自媒体是在贩卖焦虑，我们也还是忍不住继续焦虑下去。越是焦虑，就越是想给自己找点事情来做；明明连自己的主业都没有做好，却像个无头苍蝇一样不断地去寻找副业，幻想着一夜暴富。

2019年夏，华为向全世界宣告了人才的价格，给应届博士生开出了最高200万人民币的年薪。而被公示的这些佼佼者们，无不是在一个领域深耕数年，走完了从本科到博士的漫长旅程，在实验室里日夜兼程，才用科研成果敲开了应届生最高薪水的大门。

这足以证明：与其成为一个浮躁的人，不如把目光放回到自己的主业上来，重构自己的执行力，成为一个专注又高效的人。

陷阱三：被同龄人抛弃

看到这个标题，你可能会问：明明刚才还在说自媒体贩卖焦虑，怎么这就"打脸"了？

我得认真解释下：此同龄人非彼同龄人。不是咪蒙月薪5万的95后助理杨乐多，也不是套现上亿后抽身离去的摩拜80后创始人胡玮炜。如果你关注一下他们的近况，你就知道，咪蒙团队正是因为这个助理的一篇贩卖焦虑文章而宣告解散；至于共享单车行业，更是风雨飘摇。ofo共享单车的创始人戴威，曾经是天之骄子、北大学生会主席、27岁的CEO，也已经被纳入失信人执行名单。众人眼中的营销天才"李叫兽"，也在入职百度16个月后宣告离职。

但我并非向你传达"眼见他起高楼，眼见他宴宾客，眼见他楼塌了"的负能量，我真正想告诉你的是：人是有两种成长轨迹的。

第一种是"乔布斯式"，常见于各种"天才怪咖"，典型特征是大起大落。

第二种是"任正非式"，是更多人的成长模式，典型特征是稳扎稳打。

乔布斯这种天才，就是自媒体最爱渲染的类型。他创立苹果公司的时候，年仅21岁，可谓是"吊打"同龄人；仅4年之后，苹果公司就在美股上市，当时"乔帮主"也才25岁而已。苹果公司把他的人生送上了第一个巅峰。可是，在他30岁那年，他却被自己亲手创办的企业扫地出门，人生瞬间跌入谷底。

这位科技产品领域的天才，在31岁那年跨界跨了十万八千里，创办了皮克斯动画工作室。仅仅一年之后，皮克斯出品的短片《顽皮跳跳灯》（*Luxo Jr.*），就获得奥斯卡最佳动画短片奖提名。乔布斯的人生此时开始逆势上扬。

后来，他辗转回到苹果公司，推出了改变世界的iPhone。但命运又对他开了一个不小的玩笑——他罹患癌症，才56岁就离开了人世。

乔布斯这样的人，生来就不是凡人可比的。天才总是特立独行，人生大起大落，起得十分早，跌得又很快，你永远无法预料他会在什么情况下跌倒，更无法预料他下一次腾飞会是在什么时候。

你我皆凡人，极少有人能成为"乔布斯式"的成长者，更多人属于螺旋式上升、稳扎稳打的"任正非式"。

"任正非式"的成长模式意味着厚积薄发。要知道，任正非直到 43 岁才创办华为。早年的他，念书，投身军营，做基建工程兵；改革开放后，从部队转业至国企；直到不惑之年，才在一家小小的仓库里创办了华为。

他比乔布斯要大整整 11 岁。苹果公司上市那一年，任正非还未从部队转业。如果那个年代有自媒体，他在 32 岁那年，会不会觉得自己已经被太平洋那一头 21 岁的乔布斯给抛弃了呢？

弄清楚这两种不同的成长轨迹，你就会明白：不要老是盯着那些大起大落的天才与怪咖看。

你之所以会把目光投向他们，是因为他们的人生经历过于不平凡，而不平凡的人和事恰恰是媒体最爱追逐的目标。主流媒体先聚焦于他们，我们便跟着有所了解；自媒体嗅到了味道，再写一些极富煽动性的文字，炒作一番，于是我们再跟着焦虑一轮。

事实上，你真正应该对标的，反而是那些稳扎稳打的同龄人。

如果他们持续给予人靠谱、高效、专注、超强行动力等印象，那么，你错过的机会便会落在他们头上，成为他们螺旋上升过程中不断上探的驱动力，一个接一个地打破他们的天花板。

而他们，是绝对不会放弃送到眼前的机会的。

你不妨看一下周围最优秀的人，他们到底处于一个怎样的生活状态、学习状态和工作状态，再对比一下自己和他们的差距在哪儿。

在差距还不大的时候，你还有机会进行弥补；但当差距不断扩大，达到一个阈值后，它便会成为一个难于逾越的鸿沟，你再想追赶上就很难了，因为他人也在不断进步。在多年的积累下，对方一旦遇到重大的风口或机遇，便很有可能在一瞬间腾飞。到那个时候，你只能望尘莫及。

所以，不要再盯着那些媒体渲染出的"同龄人"了，他们不该是你对标的对象。你真正应该注意的，是那批稳步向前、善于抓住机遇的同辈，并努力成为他们当中的一员。

陷阱四：忽视负面情绪

　　现在的都市人，很多都患有"熬夜综合征"。其中一部分人自认为是铁打的，动不动就熬夜加班，每天都披星戴月地回家，似乎家就只是用来睡觉的地方；还有一部分人则是沉迷玩手机，明明已经困得眼皮打架了，还是死活不肯放下手机，一定要再玩一段时间。

　　究其原因，前者会抱怨工作太忙，领导不近人情。但最恐怖的不是领导不下班，员工也不能下班的状况，因为那种被迫加班的人还能"浑水摸鱼"一下。最怕的情况是项目突击赶进度，眼看着 DDL 越逼越近，整个人的压力到了临界值，全团队都内心紧绷，拖着疲惫的身躯、吊着最后一口气拼了命干活。这其中固然有外在压迫的因素存在，但也有规划不到位的问题，这个"锅"得自己来背。

而后者往往是只有到了夜深人静躺在床上的那一刻，才觉得这具身体和时间真正属于他们自己。白天都是"苟活"，为了活着已经耗尽了力气，哪里有"生活"这种东西？只能在深夜扒着手机，哪怕困得受不了，也要坚持玩下去，在大脑宕机前寻找到最后一点生命的意义。

据说第一届90后已经不敢看体检报告了。虽然是各种小毛病不断，但医生总是会唠叨两句："年轻人，你要是不及时调整身体，小心以后小病变大病啊！"于是大家不约而同地选择了"不听不听，和尚念经"，好像捂住耳朵就不知道了似的。但很多"小病"都是由于熬夜导致的。记忆力和学习能力下降，免疫力降低，内分泌失调，脸色黯淡无光、长痘痘，肝病与心脏病风险增加……这些都是有科学依据的熬夜风险。

我前些日子因为赶进度，连续10天无休，还骄傲地自诩"工作狂"，本来觉得一点事也没有，结果刚休假就直接病倒了……一觉睡醒，嗓子开始干疼，头晕眼花。

我还认真思考了一下是不是昨晚着凉了，但是头天晚上我根本没开空调啊！去了医院，医生盯着我，发出了"灵魂"三问：熬夜否？锻炼否？休息充足否？

——是，否，否。

医生痛心疾首地说："年纪轻轻，抵抗力就那么差！都是熬夜熬出来的！"

他给我开了盒感冒药并强调："想要好得快，指望吃药根本没用，还是要多休息。"

我突然意识到不能不把自己的身体健康当回事，通过透支自己去获取成就。

除了身体上的不适，人们还有可能遭受心理上的折磨。

很难说到底是身体上的病痛还是心理上的疾病更让人难受，但每年都有人因为这二者而失去生命。

我的同窗在字节跳动[1]工作，每天熬夜加班，压力极大。这家公司十分具有活力，成长速度极快，到处都是90后的年轻管理者，而且自打抖音（Tik Tok）成功出海后，今日头条的业务遍布全球，员工们动辄飞往国外分公司开会，看上去比金领还金领。再加上扁平化管理，人与人之间互称"同学"，氛围特别好。

就是在这样高增长与高压力并存的环境下，我的同学

---

1. 字节跳动：今日头条、抖音均为该公司旗下品牌。

每天过着随叫随到、赶项目进度的日子，头发大把大把地掉，偏偏家人并不理解他内心的煎熬，还一直给予厚望。游子在外总是下意识报喜不报忧的，他更不会主动去对家人说自己的压力。

细问之后我才得知：他近来十分焦虑，易怒，常常极困却失眠，甚至晚上躺在那里会突然流出眼泪来。二十几岁的人，脸上毫无神采，我看着都慌了，赶紧说："不然还是去看看心理医生吧？"

因为他的种种表现，都指向了一个词：抑郁症。

全球的抑郁症患者数量越来越多，仅中国就有5400万，相当于每100个人里面就有3个人可能患有抑郁症。更加糟糕的是，当今社会中抑郁症逐步趋向于年轻化。世界卫生组织曾指出，1/4的中国大学生承认有过抑郁症状。虽然抑郁症状不等同于抑郁症，但却是抑郁症的前哨。

每年都有媒体曝出过劳死的新闻，但事实上过劳死的比例很低，新闻上的都是个案。真正大量存在的，反而是抑郁情绪。偏偏许多人不把自己的抑郁情绪当回事，认为"我自己没有问题，只是压力大，过阵子就好了"；甚至家里人也不当回事，特别是部分学生的家长，经常会说"小小年纪怎么可能抑郁？他有什么好抑郁的"，从而使得孩子更加崩溃。

事实上，心理疾病是对自己、对亲友、对爱人的多重伤害。

抑郁症患者会感到绝望、焦躁、愤怒，又会孤独、悲伤、怀有负罪感。这比熬夜带来的暂时性危害更恐怖。更重要的是，我们离抑郁症并不远。

知乎上有两个浏览量上亿的问题："抑郁症患者眼中的世界是什么样的？""有一个抑郁症的朋友是怎样的体验？"如果你恰巧两个问题都浏览过，你就会意识到，抑郁症既是对自己的伤害，也是对身边亲近的人的伤害。他们会像溺水者一样抓住身旁的人，一边依赖，一边伤害。

所以，千万别不把自己的身体健康和心理健康当回事。你不能光想着该怎样去工作，还得多想想该如何去生活。为什么我要在一本讲述执行力的书里谈生活？因为如果你不能保持一个健康的心理状态，提高执行力便是空谈，有如没有打好地基就盖起来的危楼，早晚是要塌的。

永远记住：你的生命只有一次。请热爱它，敬畏它。

·小结·

谁也不想成为自己最讨厌的那种人

我们讨厌那些浮躁的人。他们自命不凡，却没有什么实力，只会急于求成。

我们讨厌那些不靠谱的人。他们答应的事总是做不到，既不专注，又不认真。

我们讨厌那些散播负能量的人。他们每天怨声载道，甚至会突然间情绪崩溃，让人不知所措。

可是，回过头一看，我们发现人生最可悲的，不过是活成了自己讨厌的样子。

我们为什么会成为自己讨厌的那种人？因为你步入了社会，接触到了新的世界。这个世界光怪陆离，玩法奇多，规则又复杂，你不知道该如何去面对。但是回归本源来看，人类的日常总是由一个个行动所组成的。提高自己的执行力，就是一个优化行动的过程，从而成为更靠谱的人，成为更值得信赖的队友，成为一个身心健康的人。

希望未来的你，不要被现在所辜负。

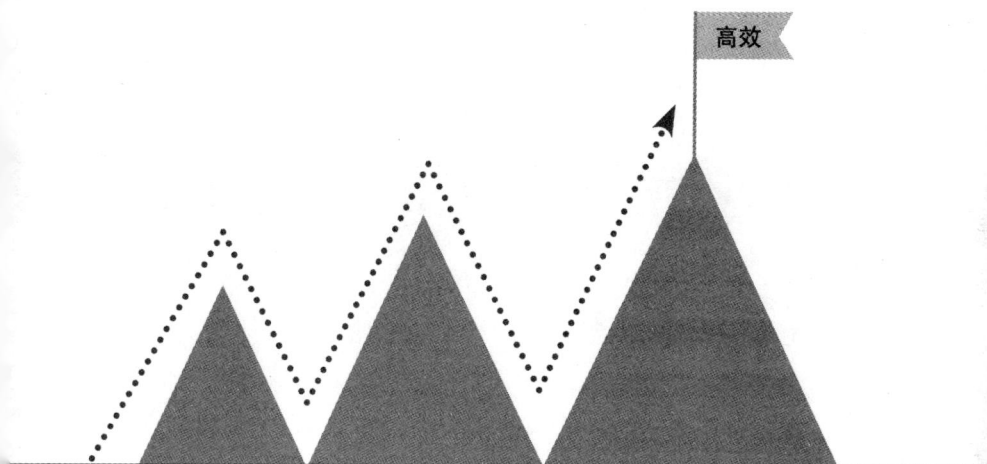

高效

PART 3

掌控执行力逻辑

逻辑一：成为真正靠谱的执行者

有些人拿到了任务，却根本不知道该如何下手；还有些人，自以为知道该如何去做，但真正拿出来的工作成果却漏洞百出。

如果你拥有上述相类似的困惑，那就证明其实你不会工作。

为什么不会？因为你没有系统的概念，不具备一套完整的"工作方法论"。

就好像上课时，老师直接把习题拿给你，你不懂知识点和解题方法，肯定做不出来。

会工作的人，有的会在不断踩坑中积累出经验，有的善于学习前人总结的内容。从历史中学习的是智者，从经验中学习的是愚者。你希望成为前者还是后者？

真正善于工作的人，具备如下特征：

- 事事有交代，事事有回应。

- 给予准确的承诺，且承诺的一定会做到。

- 如果发生不可控的意外情况，会提前通知相关人士，并尽力采取补救措施。

- 遇到困难，多思考，少抱怨。

以上特征，是一个绝对靠谱的执行者必备的。

你也许会说：道理我都懂，但实践起来就不是这么一回事了。

这些我都理解，我也相信很多"做不到"的人并非有意为之，只是不知道该如何安排繁杂的事务。所以，你更应该搞清楚为什么做不到，然后才是该怎样去做。

逻辑二：执行力的关键在于行动

执行力的关键便在于行动。很多时候我们会发现，仅仅行动本身，就是很困难的一件事情。我们不得不去探讨：为什么会产生这样的困难？我们的行为到底是哪里出了问题？

我刚工作的时候，平日缺少锻炼，加上长期点外卖，导致长胖了不少。为了减肥，我决定每天早起一个小时，给自己准备低油低盐的午饭。但是，这个计划从实行的第一周起就失败了——因为我早上根本起不来啊！

被窝过于美好，以至于我总是忍不住把闹铃按掉，能多睡一会儿是一会儿。早起的行动对当时的我来说实在是太难了。

但体重秤一次次提醒我：这样下去不行！为了找到我无法行动的原因，我认真地思考了一下，最终发现：首先，我当时热衷于熬夜，每天都要一点钟才睡，早上就很容易犯困起不来；其次，我以前并不爱做饭，所以我的做饭速度很慢，需要一个小时才能搞定，但其实熟练后再优化一下流程，花费的时间可以缩减一半；最后，我对于长胖这件事是持逃避态度的，颇有点儿掩耳盗铃的意味，也就更没有动力去减肥了。

为了解决这些问题，我首先规定自己12点前必须睡觉；然后通过几次练习和流程优化，把做饭时间缩短到了半个小时；最后，我把体重秤搬到了卧室，起床和睡觉前都用上面的数字刺激一下自己。这一系列行动卓有成效，还让我的作息与饮食都更健康了。

类似的事情让我认识到，其实"行动本身的困难"是有迹可循的，究其根源，不过是这4个方面的原因：

- 懒惰。
- 不擅长时间管理。
- 效率低下。
- 对后果的认知不足。

以上4点共同导致了执行力不足。因此，你完全可以在感觉到"我做不到"的时候从这几点去分析，并寻找解决办法。

被懒惰支配

懒惰的具体表现是：我不想……

我不想早起，不想看书，不想写文章，不想去开拓新的客户，不想面对一大堆领导交代的任务……

这种打心眼里的抵触，会导致一个后果：拖延症，即不断拖延，不愿意开始。

一个人是否愿意去做一件事，要看他是行动的意愿占上风，还是抵触的情绪占上风。如果你是前者，那么自驱力会帮助你主动地、自发地去行动；如果你不幸被后者所支配，那么你就很容易产生自我怀疑："我到底为什么要去做这件事？不做行不行？我真的很不想去做啊！"

有些人天生懒惰，得过且过。比如深圳市出了名的"三和大神"，是出没于"三和人才市场"的那些打零工的人，他们不愿意去寻找正式的工作，打一天的零工就去网吧泡三天，钱花完了再继续去打零工……

但正在看这本书的你，肯定不是这样的人。主观懒惰的人，不会去寻找更高效执行的方式。你之所以认为自己"懒"，其实是因为缺乏行动的意愿。正因如此，你更需要寻找自驱力。

行动的意愿，可以被归根为动机、理由、信念。

动机和理由很好理解。例如，今天你要和喜欢的人约会，那你肯定会提前出门，早早地到约定的地点等待，因为你希望给对方留下一个良好的印象，也不想让人家等待过久。但如果是日常上班，多数人恐怕都会踩着点进办公室，这也是因为找不到早到的动机和理由。若是老板给你超高的薪水，你一定愿意天天睡在公司，那是因为动机和理由又变成了满意的薪酬。

信念则是更深层次的意愿。我国有很多伟大的科研工作者，例如袁隆平、屠呦呦等人，几十年如一日地奋斗在科研最前线，并最终有所成就，这便是有强大的信念在背后所支撑。这种被称为"信仰"的意愿，是一种更深层次的意愿，相比一时的动机和理由，将显得更加深远持久。信念不一定非要伟大，但一定要是你发自内心认可的、真正想去从事的事业。因为热爱，所以专注。这才是信念无法被打倒的地方。

那么，我们该如何找到行动的意愿？相对应地，可以从这3个方面去深入：

- 情感——因为热爱。
- 利益——因为需要。
- 成就——因为价值。

如果我们真的下定决心去做一件事，那么务必要为这件事找到意义所在，而意义只会来源于这3个方面：

其一是情感。你热爱某个人或者某件事，愿意为此投入成本，最终能收获一种内心的满足感。这不仅仅局限于爱情层面。春节时全中国的人都要奔波千里赶回家过年，就是一种情感驱动的行为；你为了自己真正热爱的事业，在实际利益回报并不可观的情况下，依旧投入大量的时间和精力，也是一种情感驱动的行为。

其二是利益。促使我们愿意去做那些并不喜爱的事情的因素，多半是利益。老板们总跟员工强调要热爱工作，但促使我们当中的绝大多数人大暴雨天还赶着去上班的，是实实在在的利益。这也是一种很有用的驱动，它能帮你战胜"不适感"，让你主动去做自己并不喜欢的事情，甚至充满了动力。

其三是成就。"成就"不同于"热爱"，因为"热爱"驱动你去做的，往往是自己喜欢的事，但"成就"驱动你克服前行道路上的困难；"成就"也不同于"利益"，虽然它们都会帮助你去战胜困难和内心的不适感，但成就本身会更趋近于荣誉，以及一些更大格局的事情，而不仅仅局限于金钱或者权力。但往往以成就为驱动的意愿会比上述两者都要健康一些，而且，当你取得成就时，通常也会伴随着情感与利益的实现。

所以，你一定要为你的行动找到驱动力，并进行归类。当你怎样都不肯去做一件事的时候，你也可以从以上 3 个方向去分析，判断一下：你真的一点驱动力都找不到吗？如果真的都没有，那就不要强迫自己。因为没有驱动力，是你执行力低下的一个重要根源。

不擅长时间管理

执行力不足的第二个原因是：你不擅长时间管理。

有的时候，你明明已经拥有了足够的驱动力，但还是无法安排好一切。那这时，你就该思考自己是否缺乏时间管理的能力了。

你或许看了很多关于 GTD（getting things done，意为把事情做完）工作法和 To Do List（待办事项列表）工具的科普，然后下载了一堆软件，什么番茄工作法、印象笔记、滴答清单、Notes 等，并在下载之后欣喜地开始探索软件的用法，甚至错误地把"开始尝试"当成了"全盘掌握"。

虽然下载了一个 App，但你可能以后都不会再想起来打开它。

事实正是如此。能真正把时间管理类 App 当作工具来用的人只是极少数，大多数人都把这些应用当作了教程或者救命稻草，结局往往适得其反。

时间管理远不止一个 To Do List 工具那么简单。相反，如果你只知道梳理待办事项，你会发现这件事情的实际用处并不大，甚至你做完后都记不住回到软件里去点一下"已完成"。

时间管理的核心在于"管理"——你把待办事项列出来了只是第一步，接下来你要怎么安排它们？你要怎么归类？哪些属于常规任务，哪些属于低频事件？什么是最重要的，什么是次要的？什么任务需要整块时间，什么任务需要用零碎时间去处理？

你要像一个操盘手那样，安排好你待办事项中的方方面面，而不是简单地罗列。

但上面说的还停留在待办事项本身，是低阶的时间管理术，因为你仔细一看就知道：这是待办事项在管理你的时间。

更高阶的时间管理法则，是你主动安排自己的生活，达成 work-life balance（工作和生活的平衡）：

- 知道自己的极限在哪里，把待办事项控制在一定的总量范围内。
- 获得掌控感，更有余力地面对自己的生活。
- 为"生活"本身留出更多的时间，用于恢复精力和陪伴家人。

这才是你应该学会的时间管理术。

不会高效做事

执行力不足的第三个原因：你做事太慢了。

单纯从"做事"的角度考虑，效率是指你输出单位内容所耗费的时间。

我们以往讲效率，都会说单位时间输出的内容，但放在这里，我们需要反过来去理解。因为执行力归根结底就是完成某件事。我们生命中大多数的事情从全局来看都是重复的，只是在细节上有所不同。我们做事的效率越高，人生能承载的容量就越大，人生的上限也就越高。

有些人的工作质量是有保障的，但就是速度太慢了。他们信奉"慢工出细活"。如果不处于一个竞争非常激烈、迭代十分快速的市场，那慢慢来并维持高质量的工作成果还是可行的。

但是，很多低效能者速度又慢，质量又低。这就直接导致了返工——执行者交上去的成果受不到验收者的认可。验收者不断地挑刺，执行者不断地修改，一来二去，浪费了相当多的时间，大家都心情不愉快，高效更是不知道该从何谈起了。

正因如此，我们务必优先提高质量，再缩减时间，如下图。

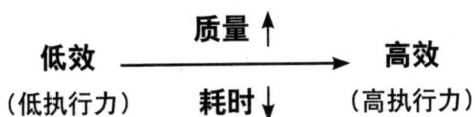

低效 $\xrightarrow[\quad \text{耗时} \downarrow \quad]{\quad \text{质量} \uparrow \quad}$ **高效**

（低执行力）　　　　　　　　　（高执行力）

在提升质量的过程中，你的耗时一开始注定是增加的，因为你要想方设法地去找到更好的方式解决问题。你专注于提升工作质量时，质量的提升是很快的。接着，你会发现，当质量提升到一个临界值的时候，它将不再继续增加耗时——因为你会对这套高质量的工作方式越来越得心应手，耗时也相应减少。如下图所示，随着你有意为之的流程优化，最终，你会达到一个高质又高效的程度。

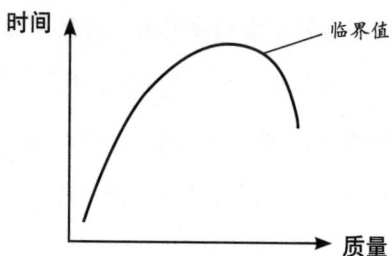

所以，高效做事，就是围绕着怎么提质量、如何减时间这两个方面展开的。

你不妨问一下自己：

1. 你会做计划吗

在工作之前，你是否会提前构思好具体的行动步骤，就像"写提纲"那样？要知道，花少量的时间事先做计划，反而是对总体工作时间的节约。你的速度会更快，因为你有了指引；你会做得更好，因为你胸有成竹，而非走一步看一步。

2. 你能避免同样的错误吗

不论是你曾经犯下的错误，还是身边的人曾经犯下的错误，只要是你接触过的，你能在下一次遇到的时候成功避免吗？这是一种典型的"听起来简单，做起来难"的事情，因为它涉及归纳整理经验并在必要时候快速调用经验的能力，这种能力十分具有综合性，并非人人都具备。

3. 你知道该如何让他人帮你提高效率吗

一个人的时间是有限的，而多个人的时间总量却可以不断叠加，这就是为什么很多大企业选择扩张来提高效率。高效在于合作，每个人擅长的事情也有所不同，组合拥有不同技能的人，会比个人单兵作战更容易达成最优化解决方案。

这些先提高质量、再缩减时间的方法，我们都会在后文详细探讨。但你一定要在脑海里先树立起高效的概念——只有知道自己在什么方面有所欠缺，才知道该如何去努力改变。

意识不到后果的你

执行力不足的最后一个原因：你没有足够的危机感，意识不到后果将如何。

随着个人的成长，你所扮演的角色将越来越重要，承担的责任也越来越大。此时，"做事"已经不仅仅是你的事情了，也可能关乎其他人的命运。

我们不如认真思考一下，我们到底可能承担怎样的后果？

最轻程度的后果：你没有做好一件事，不过当下什么都没有失去，但可能失去未来的机会。

这就是我前文所说的，你每一次不靠谱都是在给自己贴标签，而这些负面标签可能会使得别人不考虑把重要的机会交给你，甚至不告诉你有这件事。但对于后果来说，没有什么损失，已经是最轻级别的后果了。

次一级的后果：你因为自己的失误，得到惨痛的教训。

就在2019年10月12日，教育部发文表示将取消大学"毕业前补考"。那些在大学前三年过于放纵导致挂科的学生们，不再像往年那般幸运，他们将失去毕业前"一次性清考"的机会，面临留级延毕的窘境。

更严重的后果：拖累他人，让他人的努力也付诸东流。

这种情况常见于团队合作的时候。其中一个人的重大失误，使得整个团队的项目都出现了巨大的问题，导致队友的辛苦也全都白费。就在2019年的男篮世界杯预选中，中国队对战波兰队，男篮只要取胜就能锁定16强。但周琦先是犯规，又罚球未进，最后7秒还发球失误，眼看到手的胜利被断送，易建联等人再拼命也救不回来，千万球迷也跟着心痛。

最糟心的后果：因为战略决策上的失误，引发整个公司或整个组织的"地震"，甚至传导到了全行业、全社会。

2018年年初，中兴通讯因违反了美国限制向伊朗出售美国技术的条款，遭到美国商务部的制裁。这件事固然有中美贸易摩擦的大时代背景，但也有中兴通讯的违规行为授人以柄的因素。最终政府出面谈判，中兴通讯赔偿美国14亿美元，高层也遭到"血洗"。整件事震动着国人的心，也让全国人民惊觉自己掌握核心技术的重要性。

意识不到后果的人，往往处在前三个阶段。他们不重视自己手上的任务，觉得失败了也没什么大不了的，殊不知，"后果"就像是早就埋好的地雷，不知道它什么时候就炸了。

不妨仔细梳理一下，如果你手上正在做的事情出现了问题，会有什么后果？

我们很容易得出"表层后果"的结论。

表层后果是指那些肉眼可见、不需要太深入思考也能预判的结果。例如，背着房贷的人一旦失去了工作，就有断供的风险。

表层后果越是严重，人的危机意识就越强；同样的，如果表层后果看上去无关紧要，人们就容易放松警惕。但实际上，隐藏后果往往更为致命。因为如果你不仔细思考，便很难预判隐藏后果，突然出现的危机很容易打你一个措手不及。

隐藏后果是你看不见的，必须得深入思考，而且它不会立刻出现。等到爆雷时，雷已经埋了很久了。

如果你试图去洞察隐藏后果，那你就需要考虑得再深入一些：

1. 与这件事相关的人，在其中有着什么利益纠葛

你不妨把一件事情涉及的人物都列在清单上：你的上司、下属、客户、合作伙伴等等。一旦你的工作出现了纰漏，毫无疑问，他们的利益也会受到损害，这将影响你的人际关系，以及未来你与这些人的合作。

2. 相关的业务，可能呈现出怎样的走势

我们在制定工作内容时，往往都会指向一个预想中的结果。一旦你犯下错误，业务发展的走势就会产生偏差。有些失误可以拯救，而有些错，一旦犯下就救不回来了。仔细思考那些可能"救不回来"的风险，它们会使得相关业务的结果彻底偏离你的预想。

3. 上下游两端，会被怎样影响

为你提供资源的，是上游；从你这里获取资源的，是下游。举个简单的例子，在实体经济中，上游往往是供应链，下游则通常是消费者。你在团队中的分量越重，所影响的范围就越大，因为你的决策很有可能会导致上下游的连锁反应。

想明白了这3点，你就会对后果有一个比较准确的预判，从而形成一个清晰、客观的认知。

逻辑三：具备解决问题的能力

人生就像是一款RPG游戏。我们通过不停地做任务、"打怪升级"来获取经验，让自己变得更加强大，然后接触更高难度的任务，并努力通关，走向期待的结局。

在整个过程中，真正促使我们变强的是"遇到问题—获取知识—解决问题"的过程。并且，只有具备解决问题的能力，我们才能在人生的道路上收获经验值，实现升级。

说到底，我们所强调的"执行力"，正是解决问题的能力。

有些人会觉得解决问题很简单，只要对症下药就好了，就好像他们觉得执行力很简单一样，只要去做就好了。可事实并非如此，它并不是简单的从0到1的过程，而是涵盖了很多复杂的内容：

其一是"如何开始"。有些人是因为拖延症而无法开始，有些人则是开始过于随意，想到哪儿做到哪儿。这些都不是正确的面对问题的方式。好的开端是成功的一半，我们多花 5 分钟在"开端"上，所提升的质量和节约的时间将超乎我们的想象。

其二是"如何去做"。遇到自己拿不准的事情该怎么办？遇到自己不擅长的事情又该怎么办？事情太多了，实在搞不定，到底该怎么办？我们在执行的过程中，还会冒出一堆小问题来，一个个地等待我们去处理。如果不能有一套底层的方法论去支撑执行力，那我们就会感到焦头烂额。

其三是"如何让心态变好"。我们很多时候是输在了心态上。或焦虑，或不自信，或完美主义，这些不健康的心态一直在潜移默化中影响着我们的行动，使我们变得盲目，难以发现问题所在，反而是等到事情搞砸、亲友远去的时候才追悔莫及。正确认识到自己心态上的问题，积极主动地去调整，才能让自己的执行力有一个坚定的"后盾"。

找到短板，才能对症下药

早在南宋时期，《礼记·大学》一书中就提出"物有本末，事有终始，知所先后，则近道矣"，说明即是在说，掌握本末始终、先后次序是一件很重要的事情。我们在前文提到了一些缺乏执行力的典型案例，并从现象归纳出各自背后的原因，就是一个本末始终、透过现象看本质的过程。由此，你便能清晰地对号入座，看到自己的短板在哪里。

找到了短板，你便能够针对性地解决问题。这就是为什么我在后文会花大篇幅一点一滴地告诉你，你可以在哪些方面去评估自己的短板，又该怎样去改进。把一个个细小的解决方案有逻辑地穿插在一起，最终形成一套解决问题的方法，也就是我们所说的"执行力"。

高效

PART 4

重塑执行力思维

思维一：给自己一个开始的理由

工作前的仪式感

试着去想一下，你每天睁眼后做的第一件事是什么？是不是关掉手机闹铃，再看看有没有新的消息提示？

现在的都市生活与智能手机使人们养成了这样的习惯：早上起来玩手机，玩一会儿再起床；晚上躺床上玩手机，玩一会儿再睡觉。这就是为什么很多公众号的推文不断强调玩手机的危害，因为这个习惯普遍存在。

是的，习惯。有些坏的习惯经年累月，可以带来很糟糕的影响，但如果你主动去培养好的习惯，那又可以带来无穷的益处。

比如说，面对迟迟无法开始工作的拖延症，给自己提出要求，即"做完某件事后，我就该开始工作了"。

这种习惯，我们称之为工作前的仪式感。

这种仪式感，并不需要太复杂，相反，越简单越好。

比如说，早上来到工位上，先收拾一下桌面，收拾完后立刻开始工作。

或者，专门准备一件空调房里穿的外套，穿上后就可以开始干活了。

这种仪式感一定要简单，可以每天执行，且执行过程不让你产生任何抵触的情绪。同时，培养"完成后这件事后立刻开始行动"的习惯。

就像你睡前要刷刷手机一样。等你真的适应了这一切，你慢慢就会发现，开始工作这件事，不再变得很困难了。

我们之所以难以开始工作，是因为我们下意识地认为工作是一件很累的事、复杂的事。让自己开始一件复杂的事，是需要心理建设的。仪式感就是帮你做心理建设的过程，你的心理建设完成了，自然而然就开始工作了。

第一项任务

很多人忽视了每天"第一项任务"的重要性。他们随便挑一件看上去最想做的去执行，觉得自己开始工作就行了。

虽然这并没有什么特别的坏处（毕竟对于一些拖延症患者来说，能即时开始就很不容易了），但如果你并不满足现状的话，你还可以对自己的工作方式进行一些优化。

你每天工作开始时的第一项任务，最好可以满足这样3个特征：

- 难度不高，易完成。
- 能够快速形成第一个正面激励。
- 能为后面的工作做铺垫。

"一日之计在于晨"这句话并没有错，有些人喜欢先难再易也没有错，但即便如此，我还是推荐你把一件简单的工作放在最前面。

简单到什么地步呢？最好是能用 5~10 分钟就完成的。

这样做最大的好处是，可以快速形成一个正面激励：我开始认真工作了，并且起了效果！

对一个初期效率不高、习惯性拖延的人来说，这样的正面反馈有着巨大的能量。有的时候，好的心情对工作的影响是成倍的。

此外，这项工作应该是你认真去挑选过的，和今天剩下的任务有一定联系的。

如果你选择的是"做完就结束了的"工作，虽然你得到了一个正面激励，但有可能会陷入这种轻松的情绪中，然后选择再休息一下，打开手机看一看新闻什么的……这并不是我们想要的结果。

所以，请放慢节奏，精心去挑选你的第一项任务。在开始之前，你的时间是绝对充足的，所以更不应该用多余的焦躁感来消耗你的精力。

你可以把整个过程安排得非常有仪式感：早上来到办公室，打开空调，吃完早餐，穿上外套，开始了今天的工作；你首先检查了你的 To Do List，认真从中挑选你的"开始项"，并在 5~10 分钟完成，形成一个让你的心情变好的正反馈；接着，你自信地开始着手做一些更为复杂的工作……

想象一下，比起早上浑浑噩噩、面对复杂任务怎样都无法下手的样子，这样的节奏是不是能让你更加高效、更加轻松呢？

思维二：摒弃干扰，凝聚精力

很多教你怎么工作的人都会告诉你要专注，专注可以让你事半功倍。似乎专注是个技能，是个 buff [1]，你只要点了"专注"这个大招，就可以瞬间翻倍输出了。

我们都承认，专注是一件非常重要的事情，能帮助你提升效率，更快更好地完成工作。但你更应该探寻的是：我无法专注，到底是因为什么？

如果专注是一项技能，那么人人都可以通过训练去习得。但专注并不是技能，它其实是对你精力的消耗。

---

1. buff：是游戏用语，在生活中指增益效果。

还记得我们前面说的"红条"和"蓝条"吗？我们大多数人都错误地把专注划入了蓝条的管辖范围，但实际上，专注消耗的是红条。

在明白这一点后，你就能意识到为何做不到专注了。我一直在强调精力，这是因为精力是你的上限。训练专注力，本质上是在提高你的精力上限。那么，专注力到底要怎么提升呢？

好的环境，事半功倍

自 18 世纪英国工业革命以来，人类社会开始从农业时代过渡到了工业时代。我们现在所享有的法定节假日、最低工资标准、符合国家标准的工作环境，在当年都是难以想象的。

恩格斯在其经济著作《英国工人阶级状况》中说，在监工的监视下，工人们每天都饱受肉体和精神上的双重折磨。他们每一分钟都在重复着同样的工作，从八九岁进入工厂开始，整天就在无聊的重复中不断毁掉全部的体力和精力。在恶劣的工作环境中，流行病十分普遍，肺结核、猩红热、伤寒等疾病使得工人们骨瘦如柴，他们的人均寿命甚至不到 30 岁。

伴随着一次又一次的工人运动，工会组织开始诞生，工人们争取到了一项项权益，这其中最关键的，就是 8 小时工作制和受到法律保护、不危害人生命健康的工作环境。

随之提升的便是工作效率，以及工作中不断产生的创造力。因为好的工作环境可以降低精力的消耗，人们便可以将这部分精力用在其他地方。

人的精力是有限的。即便这个上限可以提高，但它还是有限的。

提高精力水平，并不是一朝一夕的过程，它需要长久的训练。长久地改善饮食与睡眠，长久地规律工作，长久地保持思考，长久地学习新知……这最明显的好处是，老了以后不容易得老年痴呆症；此外，在这个过程中，你的精力会被开发到一个前所未有的高度，专注力也随之大幅度提升。

但这毕竟是一个长远的过程，我用了很多个"长久"去形容。因此，我们需要找到一些更容易起效果的做法。

比如说，给我们的大脑提供一个舒适的环境。好的环境，主要由 3 个要素组成：

- 适宜的温度与光照。

- 整洁的场所。

- 对的人。

坏的环境，一定会大幅度消耗你的精力，那你能留给"专注"的精力就不多了。所以，你一定要着手去改变你周围的环境。这个效果是立竿见影的。

适宜的温度和光照，一般是我们比较容易获得的。

不过，相当一部分人却很难做到保持一个整洁的工作环境。

人的东西总是越来越多的。最开始干干净净的办公室、书房，随着时间的推移，开始出现了本子、笔、小摆件、鲜花、多肉植物……这些拥挤的物品侵占着你的空间，同时还在蚕食着你的意志力。

我们已经进入了一个物质过剩的年代，年轻人虽然天天为买房的问题心力交瘁，但我们还是买得起衣服、化妆品、电子产品……此外，这个社会无时无刻不在刺激着你去消费。面对"双11"和"618年中大促"，你会说"好便宜，赶紧囤货呀！"慢慢地，物品越来越多，每一样我们都舍不得扔。而管理东西是需要精力的，东西越多越不好管。当管理物品的烦恼开始大于买东西的快感时，人们就意识到得开始断舍离了。

不仅家里的东西需要断舍离，办公室里的东西同样需要。你的工位的空间可比你的房间要小得多。左上角堆几个摆件，右上角放个抽纸，再放上台式电脑、比巴掌还要大的鼠标垫、插线板、你的充电宝……剩下的空间，你连完整地放下一张 A4 纸在上面签个字，都显得很吃力。

这样杂乱的空间，是很影响你的专注力的。试想一下，为什么你对一些复杂的工作束手无策？因为太麻烦了，你不知道从哪儿做起。同样，为什么办公桌上堆满了东西会影响你的专注力？一样的原因——东西太多了，太乱了，没有充足的空间让你安放，这让你感到烦躁不安。

此外，它侵占的不仅仅是你的工作空间，还有空间所代表的"功能"。

公司不是你的家，办公室是用来工作的地方。当你把办公桌变成了一个生活场所时，它就会阻碍你发挥自己的最大效率。哪怕是在家里，你把书房划分成了自己看书、学习和处理工作的地方，那你在书房里面堆积了过多生活化气息的东西，也同样会影响这个区域的功能。

所以，不论有多舍不得，我还是建议你开始扔东西。

那些没什么用的小玩意儿，是最应该被扔掉的；其次，还应该扔掉一些根本用不上的文件、票据；再次，把必要的生活用品（如杯子、小外套等）专门找个抽屉收起来；最后，买个数据线收纳夹子，把一堆数据线理得干干净净。

对于很多"没什么用，但是又舍不得丢的物品"，你大可用这么一句话来形容：可以有，但没必要。

在彻底丢完东西之后，你可以尝试着记录一下自己办公桌上（包括抽屉里）现有的物品总共有多少件。

剩下的件数，应该就是能不耽误你的工作，又不会影响你的专注力的数量。

牢牢记住这个数量，并给自己定个DDL：凡是桌上要多一件与工作无直接关联的东西，那就要从现存的物品里再丢掉一样。

什么叫直接关联？新下发的文件、与客户签的合同、研发部送来的样品模型等等，这些属于直接关联。这些东西如果不能丢，那就要善于收纳。

什么是间接关联？文具就属于间接关联。其实你本不需要那么多支笔，不需要那么多本子、剪刀和订书机。典型的"看起来有用"，实际上不需要。

至于完全无关的那些，不用说你也知道。真舍不得扔，那就带回家吧！办公室里不需要它们。

此外，还有一个好习惯你可以养成：每天下班前收拾完自己的桌子再走。该收的东西收起来，把你的桌子打理得干干净净、清清爽爽的。

这既是结束一整天工作的仪式感，也是为第二天的上班带来一个好开端的一部分。你的工作环境如果不能给你带来增益，那至少不要带来精力的损耗。干净清爽的地方，可以让你更专注，更不容易分心。

远离干扰你的人

马克思在《关于费尔巴哈的提纲》一文中精妙地对"人类"做出了总结："人的本质是一切社会关系的总和。"

社会关系中自然包含了与他人的交往，没有人可以完全脱离社交而存在于这个世界上。正是通过与他人之间的交互，我们得以寻找到自身降临于这个世界的"存在感"。也正因为社交在人生中如此重要，你才更应该在意与你长期交往的对象到底是怎样的人。

环境的第三个组成部分，就是"人"。你周围的人也会影响你的工作效率。

有些人是负能量者，他们的生活无时无刻不充满着抱怨，眼睛里的世界是灰色的、悲观的。跟这种人做同事，他们会在你耳边聒噪地埋怨着一切。

在做事情的时候，他们会埋怨："这么多活都给我一个人做，烦死了，根本做不完。"

在事情没做好的时候，他们习惯于"甩锅"，把错误推给别人："是那个谁跟我传达错了内容，要不然这种问题才不会发生。"

桌子上的垃圾会影响你的专注力，这些负能量者比杂乱的办公桌还可怕。他们不仅在你的视线里晃悠，还会占据你的听觉，让你"烦不胜烦"。

谁都知道要远离负能量者，但很多时候，大家在一个办公室，抬头不见低头见，真正做到"不见面"是一件很困难的事情。但负能量者有一个共同的特征：他们其实不是针对你散发负能量，他们对任何人都这样。因此，只要你拒绝成为他们的垃圾桶，不对他们的负能量做出回应，他们自然而然就会去找别人。

那些干扰你的人，或悲观厌世，负能量满满，或嫉妒心作祟，背地里给你"挖坑"。这就是为什么你必须要远离他们。

远离干扰你的人，不是一句空谈。一定要学会让自己"没那么好说话"。不要成为别人的垃圾桶，也不要因为别人针对自己就进行自我否定。在意识到自己被有不良情绪的人干扰时，你首先要做的，就是想办法避免跟他们产生不必要的交集。

当他们找你倾诉非工作相关的问题时，选择回绝；当发现自己莫名其妙被针对的时候，选择调岗或者跳槽。尤其不要因此而感到生气，因为影响自身的情绪是很不值得的。

在爱这个世界之前，要先学会爱自己。生命是有限的，把时间留给更重要的人和事情。把爱留给亲人、至交以及你所热爱的工作，而不是因为"不忍心拒绝"，或者被他人针对导致的自我怀疑，最终陷入一种负面情绪。负面的人际关系所导致的负面情绪，是对你自身专注力的不必要消耗。

还是那句话：提升阈值是一件困难的事情，但减少消耗要比提升阈值简单得多。

与自律者为伴

坏的环境会对你造成负面影响，好的环境则会对你产生正向反馈。

人是可以主动选择自己的伙伴的。主动选择好的伙伴，就是主动选择好的环境。很多人在交友的时候，都希望向上兼容，和厉害的人当朋友，但厉害的人为何要与你为伴呢？

与其费尽心思去接触和自己不处于同一层级的人，不如在自己的社交圈里做好分辨。而其中最值得选择的朋友，就是自律者。

自律的人，往往都不会过得太差。他们从内到外地散发出一种自信的气质，而这种气质便来源于他们对生活的掌控感。

我的一位闺蜜每天都要去健身房锻炼。她报了私教，几乎每节课结束都会喊疼。这可不是在抒发负面情绪——她是真的"被虐"得很疼，一碰就痛。即便如此，她依旧每天开开心心地去锻炼。

我问她："为什么身上都青一块紫一块了，你还是要去上私教课？"

她回答说："你不知道吗，运动是可以分泌多巴胺的呀！"

脑内分泌的多巴胺影响人的情绪，传递着兴奋、开心、幸福的讯号。人类的很多行为都是被多巴胺所控制的，就连自律也是。我们在真实社会中，每天都会面临各种各样的选择。每一次选择都由大脑完成，而当其中一个选择符合我们的欲望时，多巴胺就会分泌出来。

就好像讨厌香菜、喜欢茄子的人，面对一盘香菜拌牛肉和一盘肉末茄子，自然是选择后者了，而在做出这个选择的时候，他脑内会分泌多巴胺，从而感到愉悦。

同样，在面对自律与欲望的选择时，你也会因为多巴胺而变得不自律。

自律，也就是控制自己这件事，之所以让你感到艰难，是因为它让你感到不愉悦。你必须战胜自己所分泌的多巴胺，去选择不快乐的那一件。这就是人类会懒惰、会拖延的生理原因。

说回我那位健身的朋友：为什么在她的身上，多巴胺对自律的抗性无效了呢？

我深入地和她讨论了一下她能持续运动下去的原因。后来我发现，运动是能产生多巴胺没错，但真正让她感到愉悦的，其实是对自我的掌控。

运动所产生的多巴胺，是在运动这个行为进行到一定程度之后的。在最开始做出"我要去健身房"这个选择的时候，她不仅没有产生多巴胺，反而是在战胜多巴胺——因为太痛苦了，浑身上下的肌肉都感到酸疼。但在这样的行为持续了一周、两周，乃至一个月、两个月后，她开始意识到自己战胜了欲望。

不是形成了习惯让她感到开心，而是"持续战胜欲望"

这一点，让她越来越自信。因为她感受到了自己对身体的掌控，她能控制自己行为和选择，这一点让她特别兴奋。

渐渐地，去健身房（自律）和在家懒着（欲望）这两者的优先级似乎掉颠倒了过来，反而是前者能给她带来多巴胺分泌了。因为选择前者，其实是选择了掌控自我；而选择后者，让她感到自己不受控制。这个时候，欲望就转变成了"掌控自我"。由此，去健身房这件事本身让她感受到了愉悦。

至于她最初所说的，运动本身所产生的多巴胺，更像是她得到的额外反馈和激励：虽然很累，但大脑依旧在运动结束时传达给她一种快乐的情绪。

这种额外反馈和激励，不仅仅体现在运动中。如果你高度自律地去完成工作，最终取得成绩，得到了奖励，那你的大脑也会产生额外的多巴胺。

现在，你发现自律的魅力了吗？

自律者和负能量者是完全相反的，因为自律者浑身散发着正能量。他们从掌控自我中得到了快乐，每天向朋友输出的也都是快乐。

一个平时不自律的人想要立刻变得自律，是很困难的。被多巴胺所控制的我们，一时半会儿没有办法感受到自律带来的快乐，因此很有可能因为痛苦而坚持不下去。

但自律的朋友会告诉你，痛苦只是暂时的，你只要肯坚持下去，你就能拥有对自己的掌控感，你会成为一个充满正能量的人，打从心眼里感受到愉悦。

你明白这不是谎话，因为你的朋友们给你做了亲身示范。这就是为什么我们要与自律者为伴。

在工作上自律的人，不是被 DDL 追着跑的，而是他们主动控制工作进度；在生活管理上自律的人，会拥有好精神和气色，所以精力也比常人要高；在学习上自律的人，会不断掌握新知，很快地跟上时代的步伐。和这些人成为朋友，你想继续拖延也不容易。

拒绝无效社交

很多人参加各种各样的社交，逼自己去广交朋友，就是为了人脉。你舍不得扔一件东西，是想着"万一有一天用上了呢"；你不停地参加饭局，也是想着"万一哪天这些人可以帮上我呢"。

其实最后这些东西你都没有用上，一层一层地积灰；这些人你也没有用上，或者到了有需要的时候，人家还是不肯帮你。

真正的人脉，不是吃饭吃出来的。

你大可不必鄙视"人脉"这个词，也不用太过热衷。人脉这种东西，你努力提升自己后，自然而然就来了。优秀的人之间，是有一种相互吸引的磁场的，当别人觉得你为人靠谱、值得交往的时候，你们根本不需要依靠定期社交来联络感情。

但你为了追求人脉而不断周旋在社交场合中，甚至因此感到疲惫不堪，这就属于无效社交了。

如果说追求人脉是主动进行无效社交，那还有一种无效社交，则是被动的，即强求合群。

不是所有的同事聚会你都需要去，也不是所有的部门活动你都要参加。这些事情都不决定你的成绩。有些人天生善于社交，也乐于社交，他们会在这些场合中感到愉快，那自然很好；但还有一些人，并不喜欢和同事们吵吵闹闹的，更愿意在下班时间里待在自己的舒适区，那这个时候就要学会拒绝不必要的社交。

有一个新的词语，叫作"外向的孤独症患者"，指的就是那些生活中嘻嘻哈哈，和大家都处得不错，脾气也很好，但从来不会主动联系别人，往往一个人住，很少能跟他人产生共鸣，深夜里醒来倍感孤独的人。

我始终觉得，外向的孤独症患者是在强求自己。他们收起了自己的情绪，换来了一个看似友好的人际关系，但实际上没有什么深交的朋友，也找不到社交的乐趣。

　　其实，你根本不必害怕自己不合群，也不必害怕自己被抛下。因为害怕而强求，也是对自身的消耗。无论是主动还是被动，如果社交让你感到疲惫，那就失去了社交的意义。人是社会动物，社交是为了满足自己的需要。当你觉得被打扰了的时候，这件事就不再是你的需要了。

思维三：持续反馈，正向激励

拖延症最大的坏处是：恶性循环。

也就是我们前文所说的，持续拖延，永远都无法开始工作，永远被 DDL 追着跑。这种恶性循环会给我们带来生理和心理上的双重打击。

所以，我们才要做出改变，而目标就是形成一个良性循环。

良性循环的关键就在于持续反馈，正向激励。

为什么厉害的人总是越来越强？道理很好懂，因为他们有所积累，每一次的成功都给下一次做铺垫。

我们大多数人只看到了现实层面的积累，比如说资本、经验、人脉等等，但我们往往忽略了精神方面的积累：信心以及挑战欲。

对厉害的人来说，每一次成功，都会让他们更加自信一点，同时再把下一个目标定得更高。

所有人都能看到的，往往是最不重要的。你得看到更重要的那一部分，也就是想方设法地给自己制造精神层面的激励，让其成为你的内心驱动力。

记下今天的"Done"

激励自己，首先要有东西给你激励。

我们通过做 To Do List 来安排自己一天的工作，同样也可以在一天的工作结束后，通过记录下你今天的"Done"（已完成事项），来回顾今天做了什么。

当你看到自己认真完成了这么多事情时，信心就会源源不断地产生，从而进一步激励你第二天继续努力。

不过，情况不一定有你想象中的那样好。很有可能你抓耳挠腮了一天，什么都没有做……这个时候记录"Done"带来的就不是正面激励，而是负反馈了。

所以，千万不要为了激励自己而去做记录，你做记录的根本目的应该是"复盘"。复盘对想要提升自己的人来说，是一项非常重要的技能。谁都会撸起袖子加油干，但在复盘中学习到经验教训却不是每个人都能做到的。

记录下你今天的"Done"，根本目的是复盘学习。它带来的附加效应，才是正向激励。如果这个正向激励未能产生，但你从复盘中加深了你对工作的认识，那么早晚有一天，这种正向激励还是会出现的。

复盘的方法

复盘的逻辑，主要在两点：

• 正面总结。

• 负面反思。

首先，你要去整理所有能想到的做过的事情，分小点记录下来。

接着，圈出其中你觉得自己做得好的部分，以及做得不好的部分，剩下的则是"无功无过"的部分。这三个分类，将是你接下来复盘工作的起点。

在明确分类之后，我们依次处理每一种类别。

1. 做得好的部分

事情完成的好，一定满足这么几个要素：

• 效率高。

• 准确度高。

• 评价者的满意度高。

效率高，指的是你在规定的时间内准确完成了工作。那么你可以复盘一下整项工作的安排，每个时间节点分别做了什么事，并总结出一个时间区块来：下一次遇到这样的工作，给自己这么多个工时就能完成。这样的话，你对自己的时间和效率掌握度将越来越高。

准确度高，指的是你明确达到了你的目的并且没有出岔子，不需要小修小补。比如说，文案没有错别字和逻辑错误；活动安排没有出现小纰漏。别小看细节上的准确，我们绝大多数人做事情都或多或少会出现小问题，你能做到高准确度一定不是因为"瞎猫碰到了死耗子"，而是因为你提前做出了一定的预判。那么，记录下这些给你带来高准确度的预判，下次记得再用上。

评价者的满意度高，指的是给你打分的人对你的工作感到满意和愉悦，比如你的领导或者你的客户。他们满意与否，会表现在脸上或挂在嘴边，你一定能感受得到。而他们真正满意的，并不是你的东西做得有多好，而是你满足了他们的核心需求。所以，你需要复盘的是：你到底满足了他们的什么需求？

这种情况下，先抓住对方言语上的重点内容，这往往需要你自行判断关键点。如果对方没有在言语上给出什么有用信息，你不妨多询问两句：请问您觉得哪里还需要改进？哪里做得不够好？某某地方我花了心思，以前是怎样的，现在我改成了怎样的，您觉得哪种比较好？

这种询问并非拍马屁，而是通过不断的提问引导对方说出他的核心需求。你直接问他"您的诉求是什么"，他可能自己都搞不清楚，但你预设一些问题给他，他就能直接回答你了。多问一问，反而有助于你归纳总结。

2. 做得不好的部分

其实，做得不好的部分，复盘反而是比较容易的。因为有的时候你成功了，却不一定知道成功在哪里；但你失败了，基本上都知道是哪里没做到位。

有待改进的部分，就是你现在所做的和你期望达到的之间的差距。你复盘时要做的，是把这部分差距给找出来。

- 其一，明确自己想达成什么样的效果。
- 其二，看清楚自己现在做成了什么样，这与目标之间的差距是多大。
- 其三，依次分析差距所在，弄清楚自己为什么没做好。

难就难在第三点：到底要怎么弄清楚自己为什么没做好？

其实，"没做好"不外乎有 3 个原因：做错了、没有做或者没到位。

做错了，往往是你的判断失误，方向错了。那你就要分析自己之前做出这种判断的原因——为什么会做出错误的判断？是基于什么做出错误判断的？正确的判断应该是怎样的？

没有做，那一定是有东西你没考虑到，这时候就要思考——我到底错过了什么？为什么会错过？下次要如何避免考虑不全面的问题？

没做到位，往往是你其实考虑到了，但是你没有投入100%的精力和资源去做，没有达成量变到质变这个过程。那么下一次再遇到这种情况，就一定要明确投入的资源，不能心不在焉。

我曾经跟某一护肤品牌的PR（品牌公关）聊过"失败复盘"。这位PR的主要工作就是投放自媒体，但在投放过程中遇到了许多挫折。

在最开始，她还是一个职场新人的时候，每每和KOL（关键意见领袖，在这里即我们平时所说的"网红"）沟通文案时，总是想着"讨好"老板，把产品吹得天花乱坠。老板审核的时候是很容易通过，但实际投放效果却完全不行。

她在复盘的时候，对比了所投放的自媒体在平时点击量最高的几条推文和她投放的这条广告之间的区别，很快便发现，KOL 平日的行文都是俏皮活泼的，在给用户"种草"（做推荐）的时候，往往会兼顾利弊，文风轻松客观；但 KOL 给他们的产品推文时，硬广味则特别浓，效果不好也就理所当然了。

所以，她在接下来的投放策略中做出了一些改变，开始把撰写文案的工作更多地下放给 KOL 本人，让更懂用户的人去吸引消费者。

这就是从"做错"到"做对"的过程。

做失败复盘的时候，看起来每一次失败都各有原因，但其实总结下来就那么几个：做错方向了，有没考虑到的地方，以及没做到位。重要的是对原因进行归类，并在下一次行动的时候反复核查，避免同样类型的失败。

3. 无功无过的部分

无功无过的事，往往是那些没有出什么错，但也毫无亮点的工作成果。它们通常还需要一些小修小补才能拿来用。

这些事情反而是需要你额外注意的。它短期不会给你带来任何伤害，还能让你"交差"，但长期来看，绝对是弊大于利。

阿里巴巴、360、巨人网络等公司都曾表示要清除企业内的"小白兔员工",刘强东更是直言京东的管理层"无功就是过"。他们所指的都是这一类人:态度好,团队合作意识也不错,但就是出不了重要成果。这些人能守好存量就不错了,他们绝对不会给企业带来增量。

类比一下,"无功无过"的工作成果也是一样的:能用吗?也是能用的,但仅限于能用罢了。

而"小白兔员工",平时做的也就是无功无过的事。

谁都不希望成为被裁员的对象,谁也不希望自己成为"小白兔",因为这不仅是对自己业务能力的否定,还代表了个人成长的停滞。所以,面对这些无功无过的工作成果,更要深入反思:我要做出怎样的改变,才能带来更好的工作成果?

"无功无过"和"做得好"之间的差距,就是你需要复盘和改进的地方。

找到改进思路,关键是"突破"。有些事情,我们之所以做得无功无过,实际上是因为有一套既定的流程。这套流程在以前可能很管用,现在依旧部分奏效,但很快就会落后。产品需要迭代升级,工作方法也如此,选择主动突破,可能会产生阵痛,但这远比"温水煮青蛙"带来的痛要轻。

为自己准备阶梯奖励

小的时候，班主任都会给班上的好学生发奖品。前 3 名有本软面抄，到了 4~10 名可能就是练习本了。阶梯奖励的激励方式普遍存在于现实生活中，因为这个方法确实有用。你也可以给自己制定一系列的阶梯奖励，并朝着更高一层级的奖励而奋斗。

最低级的奖励：虽然工作做得不够好，但你完成了复盘，从中获得了经验教训。你觉得你确实"长记性"了，那你可以给自己一个"鼓励奖"了，比如说喝杯酸奶、吃点零食，稍微"回回血"，再给自己继续加油打气。

次一级的奖励：单项比较重要的工作完成得不错，得到了正面的经验，自信心有所提升。那你可以给自己一个更舒服点的奖励，比如说看场电影、吃顿火锅之类的。奖励基准是你一天的工资。

高一级的奖励：不仅重要工作完成得不错，而且运用到了之前复盘时的成果，学以致用、巩固提高。这代表你做好本职工作并非因为运气，而是实打实的能力提升，那你便值得更好的奖励，比如买下一件"种草"很久的单品。

最高等级的奖励：往往是你独自掌控住了一个大项目，且在整个过程中，你明显感觉到了自己实力的提升，意识到此时此刻的你和曾经那个"弱鸡"的自己不一样了。这代表你已经通过不断的复盘，成长为你所在领域的专业人士。这时，你可以奖励自己休个小长假，或者做一件你早就想去做的事情。

奖励自己，是"回血"的过程。你通过奖励来满足自身的欲望，从而消解疲劳，让自己再度满血投入到工作中去。

奖励自己，亦是控制欲望的过程。你可以把平时无节制的欲望通过阶梯奖励给分散开，完成了工作才去实现，从而变得更加具有自控力。

· 小结 ·

专注的本质

　　你在实践过程中会发现，拖延症最大的敌人其实就是专注。其他的方法都是"巧劲儿"，而真正帮助你打倒拖延、高效行动的，还是专注本身。你一旦认真起来，谁都阻止不了你高效的步伐。

　　这就使我们更需要去探讨：专注的本质是什么？

　　专注的本质，就是把有限的精力用在更加重要的地方。

　　你既可以专注工作，也可以专注于某一项爱好：健身，长跑，练字，读书……你想去专注的事情，要么可以让你产生愉悦感，要么可以给你带来收获。

　　我们之所以做不到专注，是因为我们把精力分散在了各处。

　　一部分精力被嘈杂的环境分走了，所以我们要收拾好自己的工作环境，给自己创造一个干净、整洁、安静的场所去集中精神；一部分精力被欲望分走了，所以我们要学会自律，与自律者为伴，把"掌控自己"变成新的欲望；还有一部分精力被他人分走了，他们是你生活的干扰者，你要学会拒绝和远离他们。

我们所说的提升专注度，其实就是在减少不必要的消耗，把自己的精力集中起来，将其放在更重要的事情上。在这之后，再通过一些长期的自我管理行为，去提升自己精力的阈值。

高效

PART 5

执行力突围

突围技能一：摆脱焦虑

很少有人思考过焦虑到底从何而来，曾获得"心理学杰出贡献奖"的美国心理学家克里斯多夫·柯特曼这样定义它：**焦虑 = 关切 + 威胁。**

只有你关心的事情，才会影响到你。举个简单的例子：如果你的朋友跟你诉苦，说公司倒闭了，他突然失业，那你可能会很同情他，甚至考虑到关系的远近而伸出援手，但你不会为此感到焦虑；可若面临失业的人是你，焦虑感便会袭来，你开始失去安全感，内心焦急不堪，甚至坐立难安。

焦虑感是一种心理现象，更是一个大的话题，很难在简短的篇幅里进行完整的剖析。但如果我们缩小这个话题，仅仅考虑工作中产生的焦虑，希望通过一些方法减少焦虑感、重新变得专注，那还是有很多方法能够践行的。

工作中的焦虑有两个典型来源：

- 事情做不完。
- 事情做不好。

这两种是我们 90% 以上的工作焦虑源头，而它们是可以通过一些训练和技巧被切实解决的。

事情做不完

事情做不完，指的是有限的时间内难以完成规定的内容。

如果每天的工作都完不成，你就得思考到底是不是工作效率的问题了。但有的时候，我们会面对突然增加的压力，一时间感到难以应对。

我的朋友因为"略懂 Excel"，入职后，被领导安排接手了整理表格的工作——因为其他人都不像他那样可以活用函数。一开始他还是很有干劲的，甚至产生了一种"这个事只有我能高效率搞定"的小小成就感。直到有一天，上级领导突然说要抽检，需准备好近 3 年的数据。

接到任务后，朋友差点交辞职报告。首先，之前的数据资料至少有 3 个人经手过，想要找齐全本身就是一件很难的事情；其次，这些数据的格式还不统一，甚至十分混乱，难以处理；此外，距离领导来抽检只剩下一个星期了，时间怎么算也来不及啊！

但是他挺住了。在头疼了半个小时后，他逐渐冷静了下来，然后干了这么几件事：先去找直属上司说明实际情况，并请上司要求过往接触过数据的同事把经手的数据全部打包发过来，且附文说明具体的日期区间和缺少的内容；接着，他又请上司临时借调 3 个人来，帮他一起整理数据；再次，他把怎么使用数据透视表和 vlookup 函数专门写了一个教程，用来教这些过来帮忙的同事；最后，带着人把活儿干完。

他这件事做得十分聪明，主要在于 3 点：

- 其一，他把责任和风险都解释清楚了，缺什么材料不是他的错，而且时间紧迫，能否完成任务不是他能绝对控制的。

- 其二，他让领导替他推动事情的解决，因为他自己去找同事帮忙，效率是很低的。别人会拖延，甚至根本不买他的账，但领导开口，效率就会立刻变高。

- 其三，他采用"快速培训"的方式，把"1个人，1周时间"变成了"4个人，1周时间"，虽然从培训到上手花了1天左右的时间，但后续的效率却直接提升了4倍。

最终，这次抽检，他有惊无险地度过了。

这就是一个很成功的推动问题解决的方案。其实你会发现，他这套方案最核心的地方就在于最后一部分：找人来一起做。时间不够，就从别处借调人手；新人效率不高，就优化方案，增加培训环节。这其实是一种时间管理的思维，而这种思维是在面对"多到做不完"的事情时必须要具备的。

事情没做好

面对没做好的事情，其实我们心里都很清楚，要改进，要避免下次犯同样的错误。但如果仅仅是因为这样的事情，我们还真不一定会产生长久的焦虑感。如果你长期因为"我觉得我没有做好事情"而感到焦虑，那你就得认真评估一下：自己是不是有完美主义倾向？

有完美主义倾向的人，往往具备这样几个特征：

- 对自己的要求特别高，特别苛刻，稍有纰漏都会感到浑身难受。

- 为了把事情做好，不自觉地拖延时间。这并非拖延症那种拖延，而是迟迟无法把工作做到满意，所以没有及时完成。
- 非常在意上级的反馈，很难接受失败，惧怕上级的批判。

如果你中了其中两条，那你就有完美主义倾向了。这种焦虑感，表面看上去是事情没做好引发的焦虑，但实际上是来源于对自我的不接受。

凡是人在做事情，就注定会有不好的地方，会有出错的可能，但完美主义者对于这种显而易见的事实难以接受。这可能来源于他们成长过程中的一些经历，但不得不说，这会切切实实影响到他们的工作。

程度稍微轻一点的，是对工作效率的影响。我认识一位有完美主义倾向的记者，他每次写稿子都要磨好久。虽然业务素养很高，但他的出稿速度特别慢，但凡他觉得这个选题自己写得不好，他干脆不交给当班的编辑同事；就算他觉得写得还行，还得再检查个三五遍措辞和错别字才肯交上去。

当时他在一家晚报当记者，晚报的截稿时间是上午11点。有一天上午，市里发生了一起重大的恶性伤人案件，随即便在微博热搜上引起广泛关注，这种事情在当天晚上是一定要见报的。他倒是第一时间出去采写了，但由于时间过于紧张，信息源不够，最后稿子里大部分内容都是来自网上的信息，他觉得这样不行，便没有按时给编辑交稿子。

主编为这个事特别生气，会上当着大家的面批评了他，说他"不分轻重缓急"。当晚出稿是专业素养的体现，主编觉得根本没必要强调；记者本人则很委屈，他觉得就这么报道根本没意义，而被主编批评，他更焦虑了……

他的同事劝他说："如果是我，我好歹先交一篇上去，晚报怎么也快不过微博啊，没必要跟微博比信息的新鲜度。但没有报道就不对了。"

他怎么也拐不过这个弯来。

后来这位记者倒是找到了解决方法，他跳槽去了另一家月刊，做深度报道了。没有了当天必须要出稿的压力，他心里舒服多了。

但对于绝大多数人来说，我们想快速跳槽并且恰好跳到一个符合自己习惯的地方，难度是很高的。大多数的完美主义者，都在自我折磨中度过每一天。他们对自己太过苛刻，导致了不必要的拖延，结果自己不得不面对他们最讨厌的事情：被领导指责、批评。

完美主义的害处还远不止在个人的工作上，它还会影响你的同事关系。所在的公司越大，手上的项目越重，就越是需要一个团队通力合作。完美主义者不仅对自己很苛刻，对同事也很苛刻，对下属更加苛刻……最后同事都不乐意跟你一起合作了，下属递交辞职报告走人了，项目由此无法运转，这才是更让人头疼的事情。

完美主义这种东西，归根结底，就是过于苛刻导致的不必要矛盾。它轻则影响你处理某一件事的工作效率，重则影响你周围的人际关系。一个人越想做到完美，越容易搞砸，自己也就越承受不了。如果你发现自己有完美主义的倾向，那你就要警惕了。可能你做不好事情的根源，就是你在工作上太苛待自己了。

你能找到前文那位记者那样的解决办法，固然很好。但他的情况很特殊，因为出稿子是他自己一个人就能搞定的事，他的工作在一定程度上是"单打独斗"的。而更多人的工作是要在与他人的互相配合中共同完成，完美主义倾向就可能会带来更为严重的后果。

突围技能二：成为最优主义者

我们在前文提到过完美主义的危害。在这一节，我们来具体地讨论一下完美主义的问题。

首先，你觉得你有完美主义倾向吗？

不要急着回答这个问题，因为"完美主义"有时候不是一个褒义词。

我见过很多以完美主义者自居的人，特别是在面试的时候——你们都知道的，无论是企业、项目、活动还是组织，面试官都很喜欢问一些例如"你觉得你最大的缺点是什么"之类的问题来"为难"你。有些人想方设法地去避开对自己不利的答案，干脆抖了个机灵，回答道："我最大的缺点就是太追求完美了。"

然后应聘者被淘汰了。

完美主义者的特征

真正的完美主义者，当然是有许多好的特征的，比如说：

- 认真负责，希望自己在做正确的事情，想要完美地完成任务。

- 对待自己严格且高标准。

- 负责、勤奋、独立，且具备一定的领导力。

- 不爱享乐，业余时间往往用于自我提升。

- 从优秀地完成工作中获得乐趣与成就感。

- 乐于帮助他人解决问题。

听上去很不错对不对？但他们的缺点也同样一箩筐：

- 爱批判：既批判自己，也批判别人。

- 性格急躁紧张，控制欲强，自以为是。

- 认为凡事只有"对"与"错"两面，所认知的世界是二元对立的。

- 总想把事情做对、做好，无法接受失败。

- 锋芒的外表下郁郁寡欢。

- 往往都有拖延症（因追求完美而缺乏效率，因没有做好准备而拖延，因细节卡壳而拖延，因害怕失败而拖延，等等）。

你对号入座了吗？也有可能，你帮你的同学、同事、领导等对号入座了……

哈佛大学社会心理学家泰勒·本·沙哈尔，曾经在著名的课程《幸福课》上专门用整整一节课来讲完美主义的危害，以及我们该如何改变这种心态。

他给完美主义的定义是："表现为我们在生活中对失败的失能性恐惧，尤其是在我们最在意的方面。"

完美主义者的世界是非黑即白的。他们认为，做事情是一条笔直的线，稍微有一点偏差，那就是失败。没有做到最好，那就是最差。要么卓越，要么平庸，没有"还不错"这个选项。

但实际上，没有一件事情是容易的，没有一个的成功不是经历了无数次失败。成功往往都经历了螺旋式上升的过程——这些事情，完美主义者并不是不懂，但他们在实践的过程中难以意识到，更难以接受。

绝大多数的完美主义者最终因为自身的局限性落入平庸，而优秀的完美主义者虽然可以做出伟大的成就，但他们无法感受到幸福，没有令人愉悦的人际关系，也很难感受到生活本身的快乐。

浩瀚的历史长河中，有很多完美主义倾向的名人。

达·芬奇有着典型的完美主义人格。这位精通绘画、音律，还喜欢搞科技和发明创造的大师，其实是个完美主义拖延症患者。他一生留下的画作不到 20 幅，这其中便有《最后的晚餐》《蒙娜丽莎》等世界名作，前者耗时 3 年完成，经常带在身边随时补两笔，后者更是反复打磨了 14 年之久。

看到这些，你可能会非常敬佩达·芬奇：真是太用心了！能如此费心力地对待自己的作品，难怪他是大家！

但是，你换个角度看就会发现——达·芬奇可把"甲方"给坑惨了。要知道，《最后的晚餐》是米兰圣玛丽亚修道院托达·芬奇创作的。就在这时，达·芬奇的完美主义人格开始起作用了——他觉得当时普遍采用的"湿壁画技法"不好。为什么不好呢？因为不能反复上色和修改。完美主义的达·芬奇可是要改上很多稿的。

于是他采用了木版画的绘制技法，还因为各种原因整整拖延了 3 年才交稿……让作为"甲方"的圣玛丽亚修道院也很无奈。

达·芬奇可以靠才华"硬刚"，那是因为人家是天才，你总不能也学他"硬刚"吧？

那么，我们应该怎么去扭转完美主义人格呢？

最优主义者的特征

完美主义人格并非完全的差劲，它也给我们赋予了一些好的性格与习惯，那些激情、创造力、领导力、高标准，帮助我们成为一个不断奋斗、不断实现自我价值的个体。所以，我们并非要彻底地改变自己，我们只是想摒弃那些影响我们生活、使我们变得不幸福的一部分。

泰勒博士在《幸福课》上提出了一个改进方式：从完美主义者，进化成一位最优主义者。

最优主义者的特点是什么呢？

- 依旧朝着"完美"的结果而持续努力，但发自内心地认识到事物的发展不是一条直线，而是螺旋上升的。

- 不再恐惧失败，哪怕面对暂时性地停滞乃至倒退，都能保持冷静。

- 把失败看作良好的反馈，并从中汲取经验教训。

- 不再教条、苛责地对待自己和队友，而是学会接纳他人的意见，宽容对方的错误。这种宽容，也源于对事物螺旋上升这个事实的接纳。

- 不再设置过高或不切实际的目标，开始有了"不错""优秀"等概念，做到完美会很开心，但做到"不错"也不会认为是失败，依旧能肯定和接纳自我。

看到了吗？最优主义是对完美主义的升级，它没有摒弃掉完美主义的优点，却将缺点的那一部分做了优化。

认识到"足够好了"

很多完美主义者无法做出改变，是因为他们一点也没感觉到"完美主义"不好，他们其实自我感觉特别良好。但同样的，当他们真正意识到完美主义是存在问题的之后，他们就比较容易开始改变了。

完美主义者最大的问题就是：

* 极端。

* 焦虑。

他们对人也极端，对事也极端，非黑即白的二分式思维特别幼稚；他们无时无刻不在焦虑，事情做不好自然焦虑，事情做好了，他们就开始焦虑下一件。

所以，想要进化成一个最优主义者，最重要的就是改掉"极端"和"焦虑"这两个坏毛病。更进一步说，就是接受不完美的自己，认识到"足够好了"这个概念。

你知道吗？中国符合世界卫生组织关于健康定义的人群只占总人口数的15%，与此同时，有15%的人处在疾病状态中，剩下70%的人处在"亚健康"状态。如果你身体健康、有活力，那你就胜过了 80% 以上的人，也"足够好了"。

"足够好了"这件事，并不是"差劲"，更不是"中庸"，而是"很不错"。接纳足够好的自己，朝着最优主义者的方向前行，你才能慢慢改变极端和焦虑的现状。

具体到做事上，你还可以借鉴以下几点：

1. 承认自己的不足之处，不要对自己要求过高

这个世界上没有十全十美的人，所以你总有不擅长的事情，这就是为什么我们需要团队合作，需要制定阶段性目标。把"完美的目标"换成"我可以达到的不错的目标"，更能激励你开始行动，并持续给你正向反馈。

2. 遇到瓶颈，先跳过

完美主义者喜欢给自己定条条框框。他们会设置一个"完美"的流程，如果偏离了这个流程，完美主义者就很崩溃。但其实做事情不一定是"串联电路"，还有可能是"并联电路"，不是非要按照既定的顺序才能完成。所以，在遇到瓶颈时，不妨先跳过，去做下一件事情，等到其他问题都解决完了，再回来搞定那些复杂的东西。这样可以防止自己因为瓶颈而产生拖延症。

3. 修正错误就像改漏洞

完美主义者很害怕犯错，尤其害怕当众犯错，这对他

们来说是很大的心理负担。他们太在乎自己的感受，以至于没有意识到其实所有人都会犯错，犯错其实是最普通和常见的事情。用更好的心态去面对错误吧！完美主义者可以把它想象成修改漏洞。在程序正式对外发布前找到了漏洞并提前改掉，反而是一件好事情。

4.每一次解决问题都是自我成长

完美主义者都希望可以成为"最好的自己"，但最优主义者往往希望成为"更好的自己"。要知道，你发现问题、思考问题、解决问题的过程，都是在一步一步变得更好。那在这个过程中，你便离"最好的自己"又近了一步。所以，不妨把成为"更好的自己"作为目标，让心态更轻松、更积极一点，不断地实现自我成长。

与完美主义者相处

正在看这本书的你，或许并不是一个完美主义者，但你也很有可能会遇到一个有完美主义倾向的家人、同学、同事、领导……你一定饱受他们的烦扰。那么，我们要怎样和这些人相处呢？

往往我们都会采取一些不太合适的沟通方式，比如说，最常见的是据理力争。

我们往往会直接说："你这样是不对的。你太追求完美了，提出的要求不切实际。"或者说："你不要那么极端和死板好不好？犯错误是很正常的，你不要怕犯错误。"

相信我，他们一定不会理你的。因为我就曾经这么干过，还失败得很彻底。

更多的时候，你还会被怼回来："我不是极端，我只是要求高，要求高难道不是应该的吗？"甚至会有领导直接批评你说："你这是在给做不好事情找理由。"

最后的结局就是：你们完全沟通不了。

更糟糕的是，如果我们对完美主义人格稍微有一些了解，那我们可能会扮演"心理咨询师"的角色，直接分析对方的问题所在。你毫不避讳地告诉别人："你这个属于完美主义人格，你的内心十分焦虑，你的动机是你害怕挫折和失败……"对方恐怕要抄起鞋底往你脸上砸了。

面对提太多要求，让你心累到极点的完美主义者，你需要遵循以下 3 个步骤：

- 步骤一：表明态度。
- 步骤二：不要加剧矛盾。
- 步骤三：鼓励对方改变。

完美主义者追求形式和结果的双重完美，所以他们可能会忽略效率，制订不切实际的目标。因此，你首先要做的，就是明确你的态度：

- 把事情在规定时间内做完，比追求完美更重要。
- 比起形式上的按部就班，你更在乎结果的有效性。

把你的态度有理有据、温和平静地表达出来，是第一步。

这个时候，对方有可能会接受你的意见，也有可能觉得跟你"讲不通"，被你触怒。万一发生的情况是后者，你千万要记住，不要加剧矛盾。正因为对方极端，才无法接受你的正当要求，所以在对方消化不了的时候，不要正面起冲突。这是第二步。

有一部分完美主义者会通过各种渠道了解自己的性格，从而进行反思。他们很难被他人改变，却可以进行自我改进。当他们自己开始主动改变时，问题就解决了一半。但是正因为他们极端，所以他们在改变过程中会走弯路，出现各种各样的问题。

比如说，完美主义者很喜欢"断舍离"这个概念，不是断舍离本身有问题，而是这群人真的能把东西扔到没什么可以扔为止——这时候他们就会发现，自己断舍离过了头，有些必需品也被他们一股脑儿地扔掉了。于是，他们就会陷入一种挫败感。

这种挫败感可以出现在方方面面，生活上、学业上、工作上等等。作为家人、好友、同学、同事的你，在这时候千万不要打击对方的热情，而是利用我们所说的第三步：支持他，鼓励他，让他不要挫败，继续努力去变好。这样他就可能平静下来，然后再一次去尝试改变。

我们遇到的完美主义者不一定是可以远离的，他可能是你的父母、伴侣、从小到大的好朋友。如果你不幸因此遭到困扰，却又希望找到一条可以好好交流的路径，那么不妨试试上面说的这"三步走"方式。

突围技能三：时间管理术

无效的日程安排表

我们很多人（包括我自己），都曾经当过那种特别典型的"时间管理新手"。新手很爱搞一些苦行僧式的日程安排表，精确到分钟，结果连一天都坚持不了。

这种糟糕的日程安排表，往往来自媒体的过度渲染。比如说当年红极一时的"清华学霸双胞胎"，两姐妹的家长公布了她们高中时期密密麻麻的作息安排：早上 6 点起床锻炼，11 点 25 分~13 点 30 分吃午饭，打印课件，下午的课程和晚上的作业要在 22 点之前结束，22 点~23 点听英语，23 点~次日凌晨 1 点读《飘》、背单词，凌晨 1 点之后睡觉，一天只睡 5 个小时。

最后媒体大笔一挥，定调：这就是她俩考上清华的理由！

没有任何人求证真伪，也没有任何人质疑这种日程安排的可执行性，反正直接赞叹就完事了。至多是年轻人再在爸妈的强烈要求下，跟随着学霸的脚步小小地尝试一回，然后发现自己根本学不来，很快放弃。

偏偏这种"大佬式"日程安排表，不仅出现在颂扬"学霸"的报纸上，还出现在那些介绍各大企业 CEO 的微信公众号上。

小编们会告诉你：乔布斯每天清晨 6 点起床，9 点就能完成整个上午的工作；他的继任者库克比他更猛，每天凌晨 4 点半就起了；马化腾凌晨一两点还在回复员工的邮件；雷军只睡四五个小时……

他们就赌你没在苹果、腾讯、小米等公司工作过，所以绝对不会告诉你马化腾是个"夜猫子"，晚睡晚起，这才是人家半夜还在回邮件的理由！——这是整个腾讯都知道的事。成功人士才没有把自己活成苦行僧和机器人。

所以你一定要意识到：详情而又严苛的日程表，不适合这个世界上 99.99% 的人。但不要把日程规划表和时间管理画等号，因为时间管理术是适合绝大多数人的，只要你肯学，你就能有所掌握，只是不同的掌握程度罢了。关键是，你要找到对的时间管理方式。

很显然，日程表是个错的方式。那什么才是正确的呢？

——尝试着把"日程表"转化成"任务表"。

在说任务表之前，我们需要对时间管理有个总体的概念：

- 首先，你要明确时间管理不是"时间管你"，而是"你管时间"。
- 其次，基础的时间管理就是任务管理。你要分门别类地整理好你的待办事项，给它们安排合适的时间。
- 再次，面对未来短期的任务，你要做到"适度承接"，不要超出自己的能力范围。
- 最后，面对长期的目标，一步一步做好规划，踏踏实实往前走。

这四部曲，其实就是时间管理的秘诀所在。

我们每天的任务有很多，有工作上的、生活上的、学习上的。既有特别重要的，也有琐碎但不得不去做的。你要从这么多待办事项中寻找到你需要花主要精力投入的那一个或者几个，然后集中精力去攻克。

我们最开始需要掌握的就是"任务管理",这是时间管理术的起步。

二八法则

你一定听说过二八法则。它最初是一个经济学上的概念,于 1897 年由意大利经济学家帕累托提出。帕累托通过研究发现:在当时的社会上,20% 的人占有了全社会 80% 以上的财富,剩下 80% 的人只拥有 20%。

经过了百年的时间,这个定律已经被延伸到了生活的方方面面,尤其是商业领域: 20% 的品牌占据了 80% 的市场,20% 的产品创造了 80% 的收益……它在生活领域也同样适用,比如说,你 20% 的亲友占据了你 80% 的社交时间。

所以,放到你的工作上,你会发现: 20% 的工作,也就是那部分最核心的、至关重要的,决定了你 80% 的成果。因此,你要为这 20% 的工作内容付出 80% 的时间和精力。

日本著名实业家稻盛和夫曾经这样定义过"成功"这个概念,他认为:**成功 = 思维方式 × 热情 × 能力**。我们经常强调个人能力的重要性,也一直提倡要全情投入,但在他眼中,排在第一位的恰恰是思维方式。

你每一天的时间是有限的,交给你做一件事情的周期也是有限的。那么，你所需要的思维方式，其实就是找出那 20% 的核心工作，然后分配 80% 的时间和精力给它。

那么，我们要怎么找呢？

巴菲特提供了一个好方法：做减法。

巴菲特的 12 条投资理念最为著名，但我觉得，最适合普通人的是他的"25：5 目标法则"。因为不是每个人都要成为一个专业的投资者，但每个人都有管理自我时间的需求。

巴菲特的飞行员迈克·弗林特曾经向他请教：如何才能确立自己的职业生涯目标？

巴菲特让迈克写下 25 个想要达到的目标，然后圈出其中 5 个更重要的来。随后，巴菲特问："剩下的 20 个项目，你打算怎么办？"

弗林特理所当然地回答："前 5 个最为紧要，剩下的放在后面去做。"

巴菲特说："不，你要尽可能避免这 20 件事。"

虽然当年现场的情景已经不可考证，但"25：5 目标法则"无疑是符合巴菲特的行事风格的：做减法，是他一个很重要的思维方式。你发现没有，25 件事中挑选出 5 件恰好也是 20%？

HBO 拍摄的纪录片《成为沃伦·巴菲特》（*Becoming Warrent Buffett*）再现了这位老人一生的成就。他甚至没有选择 5 件事，因为他把减法做到了极致，一生只专注于一个目标：研究股票投资。

在他执掌伯克希尔－哈撒韦投资公司的 50 多年里，这家公司的每股股价达到了 32 万美元（当下的阿里巴巴是每股 167 美元），巴菲特个人的资产也达到了全球第三。

你也可以试着去使用这样的思维。在你面对工作的时候，列出所有你需要做的事情，然后寻找出其中至关重要的 20%。

对于一个技术工程师来说，或许这 20% 被攻克后，所有的困难都将迎刃而解；对于一个市场营销人来说，或许这 20% 的商品被大力推广后，能以最快的速度完成该季度的业绩。但无论如何，你一定要学会根据自己的需求，去做减法——减到减不下去为止。此时留下来的，一定是最重要的事情，它值得你投入 80% 的时间。

但这样的思维方式，并不是在教你走入教条主义的误区。巴菲特对他的飞行员说："放弃剩下的 20 个项目。"这并不是让你在做人生规划和在面对待办事项时表示："剩下的 80% 我就放弃了！"

这种方式只是在告诉你，剩下 80% 的工作，请在剩余的 20% 时间里高效地、有选择地完成。不要让它们占据和分散你最主要的那一份精力。

所以，你在处理任务时，管理自身时间的流程应该是这样的：

- 列出你需要做的事情。
- 做减法，一条条删除，直到只剩下 20% 的核心任务为止。
- 用整块的时间集中精力去处理这些核心任务。
- 做完之后，再去处理剩下的任务。

还有一个要点，你务必要注意：工作规划并非你的人生规划。一切商业产品，在经过激增后，速度都总有一天会放缓。原来 20% 的核心，也会被慢慢地优化和淘汰掉，成为那不再重要的 80%。所以，你一定要注意迭代。

还有一位和巴菲特一样热爱"做减法"的商业奇才是乔布斯。他做减法的故事更是人尽皆知：把苹果的产品线砍到仅剩那么几条，又把苹果系统对外的授权全部都收了回来。至今 Apple Store（苹果商店）里就只有很少一部分产品在售卖，简洁又高效。

但苹果还有一条"第二曲线"。

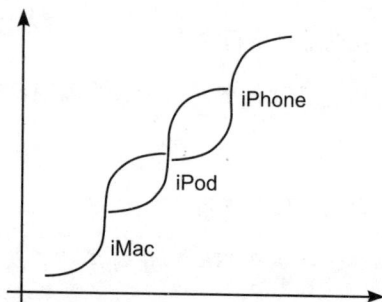

如图所示，接在上一条曲线之后的，就是"第二曲线"——在 iMac 高速发展的时候，苹果推出了 iPod 随身听；而在 iPod 成为大街小巷的潮流之后，苹果又开始研发 iPhone。乔布斯始终都不满足，始终在"搞事情"。因为他知道，任何一款数码产品不可能永远引领潮流，当产品处于巅峰状态的时候，它的下一步趋势就是下降了。而在 iPod 市场份额开始下降时，iPhone 衔接得刚刚好。

放到你的身上，如果你的工作变得特别顺利、无比得心应手的时候，你就应该开始警惕了。

你现在所判断的那 20%，可能不再是原来的那个核心了。你需要找到新的增长点，主动给自己制造一些难关，找到那些需要你花费 80% 的时间和精力去攻克，并且一旦攻克后能为你带来飞速进步的事情，这才是推动你持续前进的助推器。

这个世界变化很快，每一天都有新的技术、新的商业模式诞生。两年足够一个共享单车行业从疯狂走向死亡，所以你必须持续保持危机感，优化自己的时间分配。

要点的筛选往往是因人而异的，但如果那 20% 的核心任务一定要有什么标准的话，那应该是：你做起来不那么轻松的。

日常模块化

即便我们学会了"做减法"，也总有些事根本减不掉。快递还是要自己去"菜鸟驿站"拿，邮件还是得一封一封看、一封一封回，每天还是得自己乖乖做卫生……这种琐碎的小事充斥在我们的日常生活中。

偏偏我们很容易犯下时间安排不当的错误：拿着整块的时间去做琐碎的小事，到了碎片化时间的场合，又开始变得焦虑，恨不得在地铁上抓紧时间工作。

而真正正确的应对方案是：你通过二八法则做减法找到的那些至关重要的事情，应该占据你上午和下午整块的工作时间；那些碎片化的事情，应该放在你关键任务间隙的碎片化时间；而休闲娱乐等给自己"充电"的项目，放在晚上的舒缓时间。这就是将日常生活模块化。

模块安排和日程表最大的区别在于：

- 模块安排粗略到小时，而日程表精确到分钟。
- 模块安排以任务为优先，日程表以时间为优先。
- 模块化是可执行的、能完成的，过于精细的日程表不可执行、无法完成。

要知道，日程安排是很可能会被突发事件打乱的。如果你突然身体不舒服要去医院，那你安排的"今天下午做完×××"就会被延期，你明天、后天的安排也跟着延期。但对于模块化日常来说，即便遇到了突发事件，它也不会打乱你以周、以月为单位的安排，因为你脑海里的概念是"上午 9 点到 11 点是输出时间"。

你在进行模块安排的时候，重点是"我把某项工作安排到了最合适它的那个时间段"。这个时间段里你做不完也没事儿，你可以选择延长时间，或者明天这个时间接着去做。关键是你要有"整块"的时间概念，让日常规律起来。

据此，我们基于任务管理，试着来拆解一下自己的日常。

任务即可以分为重要任务和零碎任务，也可以分为日常任务和非日常任务。前者就是我们二八法则所强调的，后者则根据这项任务在一周之内的重复次数来划分。比如一周 7 天，人们有 5 天都要上班和上学，那上班和上学就是日常任务，直接填进了我们的日常模块中。

我们的日常模块，又有 4 个大的类别。

1. 输入模块

比如会议、跨部门沟通、阅读、课程学习等，综合包括了输入他人的知识、经验与观点的过程。

输入模块，建议放在下午或者晚上。在午后，大家都懒洋洋不想干活的时候，一般都安排了例会；我们也普遍会把读书或者业余的课程学习放在晚饭后。

2. 输出模块

如果你是一个文案工作者，你输出的就是文字；如果你是一个程序员，你输出的就是代码；如果你是一个大学生，你要输出的就是作业和论文。输出指的是你做了什么，以及最终呈现了什么。

输出模块，最好放在上午。因为上午刚吃过早饭之后的两个小时，往往是一个人思维最活跃、最集中的那个阶段。但我也见过"夜猫子"型选手，晚上的时候效率最高。清晰而有力的大脑神经帮助你实现高效输出，根据自己的生理习惯做出调整也未尝不可。

3. 休闲模块

这一模块指你在业余时间的生活，如出门约会、在家里休息、陪伴家人、外出旅游等等。

休闲模块，一般会固定在节假日，或者没有额外输入任务的晚上。虽然很多"鸡汤"告诉你人与人之间的差距就在下班后的那几个小时，但人这一生更重要的还是"生活"。给自己足够的时间去休息、去社交，要试着去"生活"，而非简单地"活着"。

4. 健康模块

这综合包括了你为了维持健康所做的锻炼和饮食优化。这个模块不是每个人都有，但我建议你有。

健康模块，更多的在于自律。我们会在后文中着重去讲述时间管理中的自律问题。在这之前，更重要的是不要对健康模块视而不见，而是要把它安排进你的生活中。

除了这四大模块之外，还有很多零碎的小事，会穿插在这四大模式之间。比如：早上喝咖啡的时候可以浏览、回复一下邮件，任务与任务之间的休息时间可以去"菜鸟驿站"拿个快递，午睡醒来后可以做个颈椎运动，顺便再收拾下杂物等等。不要让碎片化的任务占据你整块的时间，碎片化的任务就该交给碎片化的时间去做。

学会模块化地工作和生活，主动地进行任务管理，而非让任务来管理你。

CSDA 进度管理法

那些简单的、碎片化的事情，我们其实很容易就能搞定，它只是占用时间，而不占用你的思维能力和精力。但那些真正让你上心的 20% 的重要任务，常常会极大地耗费你的脑力。这种时候，你又该如何去管理它们的进度呢？

这就涉及了"CSDA 进度管理法"的运用。这是一套很科学的时间管理方式，能够帮你管理大型的复杂任务。

CSDA，指的是 count——shift——divide——approach，也就是计算——移动——分解——达成。

- 学会记录和运用数据，这是计算。
- 把最后期限往前挪一些，给自己一点儿压力，这是移动。
- 拆解工作，找到解决问题的"阵眼"，这是分解。
- 逐个击破任务，这是达成。

简单来说，CSDA 法则的意思就是：计算你完成任务需要的时间，然后把 DDL 往前挪一点，再分解你的任务目标，最后逐一攻破。

我们前文所说的拆解任务，指的是 CSDA 法则中的第三个步骤，也就是拆解。但在做拆解之前，我们还需要做好计算和移动工作。

举个例子：

- 假设我是某家公司的行政人员，年关将至，我被安排组织策划一场年会。现在我得知了年会的具体时间：小年夜。

- 通过粗略计算得知，我大概需要一个月的准备时间。同时，为了不出纰漏，我决定在小年夜前一周就完成全部准备工作，最后一周只用于彩排。由此，我定下了几个重要的时间节点。

- 如何准备好一台年会呢？我拆解任务后发现，年会主要由节目、抽奖、致辞、吃饭几个方面组成。因此，我首先给各部门发通知，要求分别出 1~2 个节目，择期审核；其次，和老板沟通好抽奖的预算，拟定奖品，顺便请老板准备好讲稿；再次，找专业的外包公司策划整台晚会的流程，安排好主持、布景与灯光，确保现场效果；最后，和酒店沟通好当天的餐饮事宜。

- 最终，"年会"这个大工程被我拆解成了一个个子任务，在既定的时间节点内逐个击破，有条不紊地完成。

CSAD 原则最精妙的那一环，其实在于计算：你必须要搞清楚你的效率是怎样的（也就是你要花费多长时间去完成），在此基础上，明确你的任务步骤，这样才能精确安排完成每一小步的 DDL。

而预估时间这种事情，并不是我拍个脑袋说我每天要写 3000 字就能写出来的。你必须在这之前花足够长的时间去反复做记录、做复盘，这样你才能对你做某些常规工作需要花费多长时间做到心中有数。

也就是说，你要主动记录自己的效率，再把你记录下的结果反哺到你后续的工作中。

比如电商运营这类工作，管的不只是自己的一亩三分地，不仅要懂线上销售，还要懂上下游供应链，懂仓储。我认识的一位运营小哥，打从一入职就开始收集数据：仓库每捡 100 单需要花费多长时间，一个熟练工一个小时能打包多少个大快递、多少个小快递，一个临时工一小时能折多少个盒子，摄影师一天能拍几件单品……最后，整个办公室里的人在他眼里都是行走的数据。就连一名客服在他眼里都是"一天最多能接待 200 个售前、20 个售后"这样的一组数字。

这就使得在"双 11"到来之前，他根据加购物车的量，推算出了成交额；然后根据客单价，计算出大概会有多少个快递；又根据人工效率和快递数量，算出了如果要求3天内发完快递，需要招聘多少个临时工……

他的计算结果，距离最终的实际数字误差很小。在这样的预判下，仓储团队提前安排好了临时工，并成功地在3天内完成了发货。

他之所以能做出这样的预判，绝对不是什么"经验之谈"，而是在于持续积累的数据。每个人的效率在他眼中都是一串准确数字，他就像是一位操盘手，稳稳当当地安排好了"双11"的工作。

如果说计算是你的CSDA模型是否准确的关键所在，那么分解就是你是否能真正执行到位的要点。

Divide就是分解任务、拆解工作，把不可执行的待办事项变成可执行的待办事项。

例如：我今天要写3000字——这是一个可执行的任务吗？其实不是的。我完全不知道要写什么的时候，给我一台电脑，让我写3000字，我只能和显示器大眼瞪小眼。

但如果我把任务拆解，首先看看微博热搜上有什么热点话题，确定好主题；其次针对主题写个提纲，确定文章分哪几个部分、分别写些什么；然后动笔，写大概

2000~3000 字；最后排版好，发布在知乎上——你看，是不是可立刻执行了？

拆解的奥秘在于细化每一个步骤，并且每个步骤都具备指导性，让你能够立刻进行下去。一步一步地，一开始所苦恼的难题就变得容易操作了。

用 CSDA 法则去指导你自己，虽然不能让你一定把工作做到尽善尽美，但你的工作会变得井井有条，你会更有自我掌控感。

未来管理

我们上面说的，都是基于当下的任务所进行的时间管理。但真正的时间管理达人，还会着眼于将来的规划。在承接新任务的时候，时间管理达人会快速测算这项任务所需要耗费的时间和精力，并立刻为它"摆好位置"，不去做超出自己能力的事情。

对未来管理没有概念的人，很难放弃眼前的机会与诱惑。例如，热爱去当斜杠青年的人，尤其爱给自己找事做。我在知乎上的一位有 10 万粉丝的"大 V"朋友，一边从事着自己的本职工作，一边回答着知乎问题，还一边接广告。为了保持账号的活跃度，他每天都在琢磨着怎么去回答热榜上的问题才能拿到更多的赞，同时还要按照广告主的要求一遍一遍地修改软文。因为过于沉浸当知乎"大 V"的副业，他在工作时间都想着晚上回去怎么写稿，绩效也因此远不如从前。甚至于为了追热度，他的知乎回答也不如以往那般有趣了。

在经历了一次绩效垫底，险些被裁员后，他突然醒悟：自己在做的是超出能力的事。

他先前之所以固执地认为自己能协调好，是因为只要给他充足的时间和精力，他确实能做得到、做得好。但问题就在于，他其实是安排不过来的。虽然接广告给了他副业的收益，但他主业的绩效降了，年终奖也就少了，结果总收入并没有增加。

在幡然醒悟之后，他果断地选择了"放弃一部分"。比如说，他不在乎知乎回答的频率了，也不再绞尽脑汁地追热点了，而是把更多的时间投入到现实生活中来。

未来管理，在于精准地认知自己的执行能力。在你拥有的有限的时间里，你能做多少事情？如果你很好地执行了 CSDA 进度管理法，那你就会对自己的效率有着比较准确的认知。在新的任务递交到你跟前时，你大可以做出判断——它会花费我多少时间？我能准时完成吗？需要占用我其他的时间吗？若答案超出了你可以承受的范围，那就果断放弃。

如果你什么都想做，那一定什么都做不好；如果你什么都想要，那最终什么也得不到。

处理长期目标

《美少女梦工厂》是 90 年代的一款很流行的养成游戏。在这个游戏里，你要扮演父亲的角色，把女儿从 10 岁培养到 18 岁。你为她安排的行程——上课、打工、外出等等，都会影响她最终的结局。是成为女王、大臣、舞蹈家还是米虫，都在于你在游戏里的 8 年里为她所安排的一切。

现在看来，这真是个长远规划的好案例啊！如果想嫁给王子，你就得多上舞蹈课，培养气质，然后在 18 岁那年的舞会上和他跳舞。你看，达成嫁给王子的意愿，其实由 4 个步骤组成：

- 明确目标：我要让游戏里的"女儿"嫁给王子。
- 找到达成目标的关键变量：气质、礼仪、道德等参数得达到游戏要求的数值。
- 通过长期规划和行动，达到关键变量所需要的数值：在游戏里安排好"女儿"在 8 年里的日程。

- 临门一脚：一定要在"女儿"18岁那年触发那个和王子跳舞的事件，然后就可以安心等待结局了！

明确目标——寻找关键变量——规划并行动——临门一脚，这是一个完整的长远规划模型。

我们前文所说的 CSDA 进度管理法则，相对来说更适用于短期的单一任务。比如，花一学期写完本科的毕业论文，花 3 个月推出新一代产品，花 10 天时间准备好项目汇报，等等。

但面对动辄以年为单位的长期目标时，CSDA 就不是那么有效了。因为长期目标下会包含若干复杂的子任务，每个子任务的评估方式都有所不同，显然，仅针对单一任务有效的 CSDA 应对不来这种复杂的情况。这种时候，长远规划模型反而相对适用。

我们再回到长期目标规划的 4 个步骤上，并逐一去拆解它。

你可能会觉得第一个步骤"明确目标"是个很容易的事情，那你就错了。我见过太多迷茫的人，根本不知道自己想要什么。

每年开学季，都有大学新生在私信里问我："我该如何才能不虚度大学光阴？"我往往会回问："那你到底想做什么？你是想升学还是就业？升学的话，是考研还是出国留学？就业的话，你要进体质内还是要在体制外？"

在面对这样的问题，我得到的回答一般都是："我也没想好啊！"

我不得不跟你说：不明确的目标压根就不是目标。你必须得清楚地知道你想要什么，以及你想成为怎样的人，不然后续无从谈起。我觉得"我想考 ×× 省的公务员"或者"我研究生要去 ×× 大学读"比"我不想虚度大学光阴"要容易实现得多，因为前者更明确，更好找到关键变量。

当你有了明确的目标，接下来就是"找到达成目标的关键变量"。

问题来了：什么是关键变量？

我们前面所说的二八法则在这里依旧适用。假如影响你达成目标的因素有 10 个，那么只有两个才是至关重要的。如果你做好了这两个，其实就基本上成功了，那么这两个因素就是关键变量。

在所有向我咨询过的学弟学妹们中，有这么一位给了我一个非常明确的目标："我想去美国读整合营销传播。"

当时我和她正坐在学校的奶茶店里，因为这个目标过于具体，以至于我不由得惊叹了一下。不过她下一句话就让我差点把奶茶喷出去，她向我问道："我是不是应该转专业去读广告学？"

她的眼神过于诚恳，以至于我按捺住要走的冲动，耐心地问："你为什么想转专业呢？"

她说："这个专业更对口，我觉得老师们可以给我更好的资源。"

我问她："那为什么老师不把这些资源给他们已经带了一年的学生，要给你这个新来的呢？"

她也回答不上来。

那天下午，我给她从头到尾地分析了一遍她到底应该做什么：确定几所目标学校（target school），去寄托天下（一个老牌留学生论坛）看看大家申请入学的帖子，看看这些拿到 offer 的人都是以什么样的均分、托福成绩、GRE 分数、实习经历和作品集申请上的。对标，然后给自己准备一个完整的课内外计划，挨个突破。

这就是关键变量的重要性。所谓关键变量，就是那些真正能够影响你成功的事。我们很容易被当下的细枝末节的事情蒙蔽双眼，却不会把眼光放得更长远。

寻找关键变量，在做长期规划的过程中显得尤为重要。商业竞争上也有着很多这样的例子。民营快递企业里，顺丰就是一个"异类"。我们要寄什么贵重物品时，第一个想起的就是它。对于一家大型企业来说，是否能寻找到关键变量，是决定生死的事情。而经过缜密地决策，顺丰抓住了两个维度：服务和速度。

还有其他的维度，比如说服务覆盖面和价格，但从服务广度来说，没有一家民营快递公司可以和邮政比覆盖面，因为这需要多年的布局和巨大的维护成本；从服务价格来说，盲目降价只会落入价格战的窠臼。因此，这两个维度都被顺丰抛弃了。

最终，顺丰选择提供高质高价的服务。为了速度完全领先同行，早在2009年，顺丰就购买了两架飞机用于快递运输，是国内首家购买飞机的民营快递公司。它的维度策略从长期来看是非常成功的，这正是因为它找到了关键变量。

无论是你给自己做学业规划、职业生涯规划，还是你给某项业务、某家公司做规划，长期规划的核心点都在于：你想达到什么目标，以及影响目标的关键变量是什么。

找到关键变量，意味着你已经把目标拆成了一个个子任务。但这些子任务是不能同时进行的。你需要给他们安排好先后顺序，再逐个击破。把紧急的放前面，把能为后续工作做铺垫的也放前面。

如果当年 OICQ（腾讯 QQ 的前身）一开始就想着盈利，那也不会有后来腾讯 QQ 的辉煌。那时候，年轻的 OICQ 团队选择的是尽可能地扩大用户技术。为此，他们在服务器资源相当有限的情况下，不断地优化单台服务器的承载量，同时选择了在网吧进行推广，以覆盖到更多的用户。直到用户数量达到了一定的量级，才有了后来 Q 币、会员、红钻等产品的成功。

按理说，技术优化、对外推广和出售产品、实现盈利应该是不同的子任务。但你回过头去看，这些子任务看似独立，实际上却环环相扣，每一步都成了下一步的踏板。

当你自己去实操的时候，也同样需要注意前后顺序的规划。拆解出子任务后，不要想当然地随便挑选一个你看着最顺眼的先开始，而是一定要花时间去缜密规划行动的步骤，使你接下来的行动更为顺畅。

你要知道，长期目标的规划是万变不离其宗的：明确目标——寻找变量——规划行动，这是一整套可以在任何情况下被套用的方法论。你大可以把自己想要做的事情套入其中，看看是否适用。

到了临门一脚的时候，反而事情变得简单了。即便有的时候我们可能运气不好，最终差了一点，没有达到自己想要的结果。不过，请你务必相信：如果你前三步都做到位了，结果无论如何也不会差到哪里去。

毅力管理

知乎上有一个让人哭笑不得的问题："如何同时做到每天早起、跑步和阅读？"

就目前来说，我连保持每天早起都做不到，因为每到节假日，我总是忍不住睡到日上三竿。

我相信这个提问者一定是很诚心地来求教的，而他恰恰犯了我们这一章开头就提到的误区：日程安排表。

如果一个从未有过早起、锻炼和阅读习惯的人，安排自己每天早上6点起床，下午5点去健身房跑步，晚上10点阅读一个小时再睡觉，那大概不出3天，他就会被自己逼疯。

可即便日程安排表不适用，我们还是会在内心告诉自己："希望可以成为一个更加自律的人。"

最终脱不开的，便是毅力管理。

时间管理是个长期的功课，如果你想把自己对时间的安排都落实到位，那就一定需要毅力管理。你要学会和自己内心的小恶魔做斗争，去做自己大脑想做、身体却不乐意的事。

用思维控制行动的过程，绝非一蹴而就，但依旧有迹可循。

你可以试着用"稍加控制——稍加放纵——形成习惯"这样的方式，循序渐进地进行自我控制。

这是一个怎样的方法论呢？

以跑步为例。你给自己规划的是"每天慢跑1小时"，但或许你坚持了两天慢跑后就彻底"弃疗"了。

其实你可以先进行"稍加控制"的行动。比如说，我第一周只跑两天，每天能跑30分钟，我这周的任务就完成了，其他5天我都可以毫无负罪感地躺在家里。

这么一看，是不是特别好完成呢？

等到第二周的时候，你就能把两天加到3天，第三周再加到4天。

等第二个月开始，也就是第五周的时候，你一周有5天都在运动。

这时，你就进入了第二阶段：稍加放纵。意思是，你不要再给自己继续加压了，保持你每周都有两天是可以不需要跑步的，用这两天来放纵。或者，把这两天当作你本周努力锻炼的奖励，这是你应得的。

如果伴随着这个过程，你发现现阶段的控制程度对你来说已经算是毛毛雨了，那你便可以增加锻炼的时间或种类。但无论如何，还是得保持"稍加放纵"的奖励，让你在紧绷的阶段得到一定程度的舒缓。

医学博士麦克斯威尔·马尔茨在他的《心理控制术》(*The New Psycho-Cybernetics*) 中提出：改掉一个坏习惯最快只需要 28 天。这是后来 60 年里无数人倡导过的"28 天习惯养成法"的最初原型。你从"稍加控制"到"稍加放纵"的过程持续一个月后，你的行动便会趋于稳定，并形成一个可以持续下去的习惯。这时，你便可以开启新一项自控任务了。

如果你在时间管理的过程中，发现你的执行出了问题，且主要是源于内心的小恶魔使你不愿意去行动，那你便可以尝试这样的毅力管理方式，帮助自己成为更有毅力、更能坚持下去的人。

突围技能四：精力管理

精力管理的 3 个目标

你有没有过这样的时候：觉得每天的能量不够用，做完事情后会陷入很强的疲惫感，即便好好地睡了一觉醒来，也还是觉得浑身上下酸疼困倦；抑或压力很大，始终精神紧绷无法放松下来，甚至因此而失眠。

这些都是精力不足的体现。

精力是什么，对于执行力又有什么意义呢？

我们前面说到，精力可以被类比成游戏中的红条、血量，一旦消耗干净，你就什么都做不了了。

精力充沛时，我们做事情的效率就高，大脑思维活跃，反应速度加快；精力不足时，大脑就反馈给我们"需要立刻休息"的信息，我们不再能集中精力做手上的事情，身体产生抵触感。

我们训练、管理自己的精力，不是说精力要时时刻刻都达到充沛活跃的地步，而是要实现这样 3 个目标：

- 提高总量：尽可能突破现有的精力上限，拓宽我们的精力池。
- 实现续航：在精力下降得比较快的时候，知道该用什么方法去"续命"，用短期的快速恢复实现全天续航。
- 减少消耗：运用一些方式和技巧，降低自身的心理压力，减少不必要的精力消耗。

纵观人类历史，有非凡成就的人绝大多数都长期保持着充沛的精力，不断为自己赋能。他们并非"超人"，也并不是天生拥有过人的能量，而是他们具有强大的自控力，辅以一些正确的方法，有效地实现自身管理。

我们不妨来看一个典型的"执行力很强，但精力不充沛"的案例。

我的一位同学，毕业后拿到了人人都羡慕的 offer，进入某知名咨询公司工作。这种学生时代的风云人物，往往对怎么做好事情都有一套心得，其效率和抗压能力都很强，在执行力方面无可挑剔——即便如此，他还是在新的工作环境里"扑街"了。

咨询行业，是那种需要常年出差、长期熬夜的工作。作为乙方，经常要飞到甲方所在的城市去沟通，以甲方的意见和要求为准，再加上工作强度特别大，事情根本做不完（并非因为拖延或者效率不高，单纯就是事情太多了）。于是，他每天都连轴转，梦里都在记挂着工作，自身的抗压能力几乎到了极限，形成了恶性的压力循环。

在旁人眼中，他是天天提着登机箱飞来飞去、拿着高年薪的精英，甚至有朋友说"真是羡慕你这种空中飞人的生活"，但都被他怼了回去："你乐意的话，你去好不好？咱俩现在就换换！"可见生活之崩溃。

干他这一行的，天天盼望着的就是假期，最好是找个没人认识他的度假小岛，定个豪华酒店，每天晒太阳、潜水、按摩，与世隔绝个三天三夜。

他也曾在休年假的时候这么干了，但他刚躺在沙滩椅上，手机上就收到一条接一条的消息："在哪儿？在干吗？开下电脑，有紧急的活儿今天要做完。"后来他跟我们吐槽说："受不了了，简直在拿命挣钱。"

很明显，他需要的不再是怎样提高效率，怎样管理时间。

他需要的其实是精力管理。

你可以评估一下，看你是否需要精力管理。比如说，下面这些症状，你中了几条？

- 常常心情沮丧低落，状态不佳，每一天都感到疲惫不堪。
- 很容易被小事激怒。
- 时刻都在忙碌，却不知道自己在忙些什么。
- 神经永远紧绷，一直在备战状态，随时做好迎接突发状况的准备，哪怕是休息时间也难以平静。
- 大脑混沌，不在状态，亦不知方向。

上述这些，都是在长期精力透支时会产生的症状。

那么，我们该怎么办？

精力管理分成两部分：身体管理和心理管理。

身体管理，又分成短期和长期；心理管理，则主要是学会减压。

其中，最容易、最立竿见影的是短期的身体管理。我们通过一些被科学证明有效的阶段性休息法，来实现快速的精力恢复，也就是前文所说的精力管理三个目标之"实现续航"。

其次，相对难一些，但有更深层次效用的是心理管理，也就是学会减压，实现三个目标中的"减少消耗"。

最后，也是最难但治本的长期的身体管理，帮助我们"提高精力总量"。

比较有意思的是，这三者的实现方式又和难度成反比。比如说，针对最后一点长期的身体管理，小朋友都知道要早睡早起、饮食规律、营养均衡，但这反而是很难做到的，因为这需要足够强大的自控力和长期坚持。

那么，我们不妨从最容易实现的来看：短期的、立竿见影的身体管理，要怎么做？

身体管理的简易法则

1. 阶段休息法

最简单、最易操作的，便是"阶段休息法"。

我们在时间管理中说到的番茄工作法，往往每25分钟是一个番茄钟。但你可能并不知道，番茄工作法的精髓往往在于"休息"的那5分钟。

你必须要完整地休息那5分钟，这期间不要去做任何损耗自己精力的事情，而是完全地放空自己，让活跃的大脑平静下来……这样，你就可以最好地利用这5分钟去达到休息和恢复精力的目的。

152

每 25 分钟的工作，需要 5 分钟的休息；每 45 分钟的工作，需要 10~15 分钟的休息。这期间适合做的事情有：

- 去一趟洗手间。

- 远眺窗外的风景。

- 敷一片蒸汽眼罩。

- 喝一杯热咖啡。

……

但凡是那些平静、不需要思考的行为，都很合适。

很多人会在休息时间打开手机，刷刷微博、知乎，或者来一局游戏，其实这是非常错误的行为。因为在做这些事情的时候，你的大脑一直在运转，进行输入和输出信息。这些行为看上去是在放松，但实际上并没有达到恢复精力的效果。

2. 冥想法

这是第二个立竿见影的方式：冥想。

只有你尝试后才会发现，冥想居然是这么好用的一个方法！它可以在很短的时间里快速恢复你的精力，冥想 5 分钟的效果堪比午睡 25 分钟，结束的时候整个人感到神清气爽、精力充沛。

我咨询身边的人发现，一些人特别是男性朋友，抵触冥想这件事，他们往往对冥想有误解，总觉得这事神神道道的。

还有一些朋友，则单纯是觉得冥想太复杂，看网上的冥想课程都好多节，买本冥想的书都特厚，直接就跟冥想说再见了。

其实最基本的冥想，真的只是一个很普通的、很易学的方法。它一点也不复杂，更不是神神道道的。你在安静的室内，放一个白噪音（鸟鸣声、水流声、淅淅沥沥的雨声等），然后端正地坐好，深呼吸，再深呼吸，渐渐地把心沉静下去，把注意力集中到一个点上。

这个"点"，一般推荐是你的鼻息，或者你的腹部。感受呼吸时气息的流动，从你的鼻息间进进出出，或者沉到你的腹部最底下(也就是武侠小说里常说的"气沉丹田")。你只需要注意一个点就够了，专注于那一个点，把所有的思绪都集中到上面，然后排开杂念，其他事情全部都抛开，全神贯注于你的呼吸。

就这样一下一下地深呼吸，一直到 5 分钟后闹钟响起，这段冥想就结束了。接着，就感受自己被"充满了电"的时刻吧！

怎么样，是不是特别简单呢？

有没有达到 5 分钟一点也不重要，你冥想 3 分钟甚至1 分钟都行。它不需要什么器材，不需要床或者瑜伽垫，有个地方坐着就行（站着其实也没问题）。唯一需要注意的就是一定要抛开所有的杂念，专注于呼吸。这也是冥想初学者最难做到的地方。但你多练习几次，就能更好地掌握这种方式了。

我特别推荐那些需要通勤很久的上班族，在公交车上、地铁上做冥想。很多人都告诉你要利用碎片化时间学习，在地铁上听网课、练英语，但我持完全相反的观点——通勤已经很艰难了，请不要再拿这种时间来折磨自己了。安安静静地冥想几分钟，恢复一下精力，这样才能在真正该干活的时间，实现更高效的工作。

3. 午休法

如果有条件的话，中午尽量午休，这样可以让你一个下午都保持好精神。

腾讯有个"行军床"文化。一大半的员工都会有一张自己的行军床，每到午休的时候，就摆满公司的各个过道，行政人员会贴心地关掉室内所有的灯光，让大家好好午睡。"鹅厂"的员工内购商店还有专门的行军床卖，可见是"员工标配"了。

午睡时间 25 分钟就够，如果超过 40 分钟，你容易陷入深度睡眠，不仅不易醒来，起床的过程还会很艰难，觉得更加疲惫。

4．泡澡法

这个方式可供那些"空中飞人"参考。我周围飞来飞去的金融界和咨询界人士有这么一个小经验：定酒店的时候，最好订带浴缸的酒店。

根据他们的切身经历，泡澡能极大地恢复精力，还能让人很快入眠，一夜无梦到天亮。

不过千万不要为此在家里装个浴缸，否则你就会发现：这个世界上不合理的事情真是太多了，在浴缸内洗完的我还要洗浴缸。

5．谨慎使用功能性饮料

最后，还有一件尽量避免的事情——不要用酒精、咖啡、香烟、红牛等东西给自己"续命"。

很要命的是，这些往往都是大家在熬夜加班加点的时候普遍爱使用的方法。考试前抱佛脚的学生爱咖啡，赶项目进度的职场人一晚上抽一包烟……这些东西虽然一时半刻有用，但它其实是在不断地透支人的精力。

想想看，你的精力已经到警戒线了，还要再榨一点出来，好比你的手机已经只剩下不到 20% 的电量并开始亮红灯了，你还接着用，虽然的确还有点电量可以用，但到了临界点，它总会在不跟你打招呼的情况下就直接自动关机。

我曾经为了一次大型项目连续作战了三天三夜，那几天，同事们把附近 711 便利店的咖啡全部都买空了。第一天的时候大家不以为意，感觉喝一杯还能再续几个小时；第二天的时候，喝咖啡已然不太舒服了；到了第三天，我只是喝了两口咖啡，就感觉到了心跳加速，心慌的感觉弥漫全身，自己都吓坏了。

项目结束后，我一个星期都没有再喝咖啡。一周后，我觉得自己大概是恢复过来了，又买了一杯……结果，一切重演了。才刚喝一口，我又一次感觉到心慌如擂鼓的不适感。我已经一点都适应不了咖啡因了。

这种"咖啡综合征"一直到一个月后才彻底消失，也就是说，这一次的透支，我的身体花费了一个月才真正调整过来。

这件事给了我一个莫大的教训：如果我不那么依赖咖啡，而是使用增加阶段性休息、冥想、保持午睡等方式去恢复的话，虽然那三天我也会非常累，但不会将身体透支得这样厉害。

我依旧喜欢咖啡，但从那以后，我绝对不在需要加班的时候依赖功能性饮料了。

睡眠也可以高效

立竿见影的短期身体管理，治标但不治本。治本的当然是更为长期的身体管理。

健康饮食、早睡早起、持续运动，才是保持你精力充沛的良方。

其实道理你都知道，就是做不到。我见过很多人发誓了无数遍"从今天开始，我要成为一个健康自律的人"，结果健康生活不到 72 小时就宣告失败了。

长期的身体管理是再难不过的一件事了，需要你循序渐进地进行。如果你一开始就要完全纠正自己的生活习惯，那难于上青天。但你完全可以找一个相对轻松的开始。

这个开始就是睡眠。

我们睡了那么多年，却很少认真思考过要怎样获得最佳的睡眠体验，也很少去研究过我们的身体是怎样运用睡眠来恢复精力的。

为此，我推荐你去看一本叫作《睡眠革命》（*Sleep*）的书，它让我受益匪浅。它的作者尼克·利特尔黑尔斯是一位专注于研究睡眠的"睡眠教练"，他还将他的睡眠方式引入了曼联球队。

他提出了一个"R90睡眠方案"，又称"90分钟循环睡眠法"。这一方案的准则是：为了工作、运动及生活中的成功而重新定义你的休息。

你的执行力高低，跟你的睡眠有着相当大的联系。而在尼克·利特尔黑尔斯的理论中，高效的睡眠不以小时来衡量，而是以90分钟的周期来衡量的。经过研究发现，人的睡眠以90分钟构成一个"浅—深—浅"的周期，在这个周期结束的时候，人最容易醒来。因此，不要纠结自己昨天晚上睡了几个小时，而是要关注自己睡了几个周期，最好让自己在某个周期的末尾醒来。

此外，周期也不是以"天"为单位计算的，而是以"周"为单位——35个周期最为理想，28~30个周期也勉强可以，低于28个周期则是不行的，会严重影响身体健康。

平均下来，每天要睡5个周期，也就是7.5个小时。如果你某一天睡眠不足，只睡了4个周期，那也不要紧，只要一周内的周期数量符合标准，那就不会影响你的身体健康。

符合R90睡眠方案的生活应该是这样的：

- 确定你的起床时间，由此以 90 分钟为单位，推算你的入睡时间。
- 入睡时间往前推半个小时，就是你关灯上床睡觉的时间。
- 4~5 个周期为正常睡眠时间。
- 如果低于 3 个周期（包括 3 个周期），那你需要在一周内把缺失的睡眠周期补回来。
- 不要连续 3 个晚上低于 3 个周期。

科学、高效的睡眠，是你通过长期身体管理来获得充沛精力、提高执行力的第一步。因为它最容易操作和坚持下去。当你调整好你的睡眠后，你便可以开始尝试健康饮食和长期运动了。

心理管理：学会抗压

在身体管理之外，心理管理也尤为重要。

我们前面说到心理管理主要是抗压。面对压力，并非只有"逃避困难"和"迎难而上"两个选项。这两者都只是我们的本能反应，而并非科学应对压力的方法。

那么，我们不妨来试图使用一些科学的心理管理法则，帮助我们在面对心理压力时更好地提升执行力。

心理管理，最需要关注的是两个情绪状态。

第一个状态，叫作"巅峰状态"。颠覆状态往往持续1~3 个小时，且和你的睡眠相关。有些人是晨起型，巅峰状态一般在早上；有些人是"夜猫子"，到了晚上会更加精神。但无论你的作息如何，你都会在一天内有那么一段时间精力最为充沛、大脑最为活跃、做事效率最高。利用好巅峰状态，你就可以突破现阶段执行力的上限。

第二个状态，叫作"压力临界点"。它可能出现在任何时候，但它们的表现往往是一致的：大脑堆积了很多内容，使你感到焦躁不安，有的时候是做不完的事情，有的时候是他人给你的重担。但无论如何，处在压力临界点的你都是既焦急又混乱的，效率也是一段时间中最低下的。学会科学应对压力临界点，是在为你的执行力"兜底"。

1. 巅峰状态

利用巅峰状态之前，你需要对巅峰状态有一个清晰的认识。它包含如下特征：

- 巅峰状态是一种全身心投入的忘我境界。
- 巅峰时间段因人而异，但可以通过作息来调整巅峰时间段。

- 巅峰状态持续时长因人而异，但可以通过训练加长持续时间。

不妨想一想，你的巅峰状态在什么时候？

为了最好地发挥巅峰状态的效果，你需要心无杂念，专注于一件事、一个项目、一个目标。

很多人都有过舞台表演经历，哪怕只是学校的文艺会演或者公司年会。我也不例外。我在大学时曾经被迫出演了社团节目，几个人在元旦晚会上唱唱跳跳。作为一个业余选手，即便我在登台之前对着镜子练习了无数次，在后台等待时我依旧无比紧张。而到我们上场的时候，面对台下黑压压的观众，我的脑袋变成了一团乱麻——如果摔了怎么办？出洋相了怎么办？会被轰下去吗？会被录像发到社交媒体上吗？

然而，在音乐响起的那一刹那，我立刻进入了全身心投入的颠覆状态。反正我也看不清台下观众的表情，那我干脆就不看了，脑海里只剩下音乐和动作，伴随着肌肉记忆持续进行，一直到整首歌结束。

你发现没有，颠覆状态是专一的。持续在这个状态下的你，根本无暇顾及其他的杂事。

但舞台是个推力，它倒逼我进入这种专一的状态。在平时，我们要怎么利用好自己精力最充沛的那一段时间呢？

首先要知道，发挥颠覆状态的效用，其实是有公式的：

提高巅峰状态下的执行力 = 行为聚焦 + 结果暗示。

通过分析我们会发现，无论是利用巅峰状态还是提高执行力，其背后的根本推力在于我们的欲望、我们想要拥有的事物或者想要成为的人。这就是为什么我们花费那么多的时间去学习该如何提高效率。

那么，我们到底想要什么？

实际上，我们想要的一切事物都是由两面组成的。第一面是行为（想做的事情），第二面是结果（想要达成的效果）。

举个例子：对一名学生来说，行为可能是"我今晚要写一篇论文"，结果是"这篇论文我要得 A"；对一个客户经理来说，行为可能是"我今天下午要见一名客户"，结果是"我要签下这个单子"；对春节归家的子女来说，行为可能是"我要陪伴父母"，结果是"一家人开心"。

我们上述提到的"心无杂念""专注于一件事"便是行为，是我们需要聚焦的焦点；但光有行为还不够，我们还要明确结果，并给予自己心理暗示。

你可能很难想象心理暗示到底有多有效。安慰剂就是一种特别有用的心理暗示：医生给患者开一些没有药物治疗作用的药片、药丸、针剂，让患者感到安慰，感觉自己正在接受积极的治疗，从而使病情变得舒缓。

所以，你一定要给自己积极的心理暗示——我要的是这个结果，我也一定要达到这个结果！无比自信地在内心重复这句话，给自己加油打气，往往能带来意想不到的能量。

我们来总结一下颠覆状态的开发：

- 需要我们专注于"我想要什么"，这又分为行为和结果。

- 在这期间，我们要专注于一个具体的目标（行为），并对自己想要的结果进行积极的心理暗示。

- "行为聚焦＋结果暗示"的方式，能让你更好地利用自己的巅峰状态，实现执行力的升级。

2. 压力临界点

如果说"巅峰状态"是顺风局，那么"压力临界点"就是逆风盘了。

压力临界点是一个让人很焦虑、很混乱、很崩溃的状态。这个时候，你的大脑堆积了非常多的内容，但因为种种原因，你无力去应对，这使得你更加焦躁不安，陷入恶性循环。

在讲述该怎样应对压力临界点之前，我们需要知道另一个概念——熵增原理。熵，是一个衡量混乱度的指标，熵的值越大，则代表混乱程度越高。热力学第二定律认为，孤立系统总是存在从高有序度转变成低有序度的趋势，这就是"熵增原理"。

也就是说，只要你不加以干涉，这个世界一定会越来越混乱。好比你整理完的屋子，最开始是干净整洁的（有序状态），你住了几天后，东西乱摆，衣服乱丢，垃圾一堆，便显得脏乱差了（混乱状态），这便是一个熵增的过程。

熵增是被动的，但你可以通过主动的行为去改变它，让它回归到初始状态。所以，当你受不了乱糟糟的屋子后，你可以手动将其复原。

这就是为什么我们会遇到压力临界点，在开始的时候你的精力满格，处于一个有序的系统中，来一项任务便解决一项任务；随着时间的推移，你开始变累、犯困，但积攒的待办事项却越来越多。在这个过程中，你陷入了一个混乱的状态，直到最后的临界点。

我们当然知道，此时此刻你最好的选择是立刻休息、恢复精力、待到精力充沛时再战。但是很多时候，一切并没有我们想象的那样简单。很多人因为压力过高而感到持续焦虑，又因为焦虑，他们无法去安安心心地休息，大脑非常疲惫，却又自我驱动着继续透支自己，就连闭上眼睛的那一刻，脑海里还飞速运转、想着工作。

"我没有办法放下压力或者不去焦虑。"这是他们的普遍心声。

面对此刻混乱的自己，再说什么"抛开一切去休息吧"无异于掩耳盗铃。我们更需要解决的是当下焦虑的状态，去把混乱恢复成有序，让熵的值回归到一个正常范围内。

我们采用的方法是：梳理与归纳。

人们到底在焦虑些什么？

焦虑的，是对未来的不确定性。

我们之前所说的掌控感，在这时就发挥了效果。让混乱变得有序，其实是重新获得掌控感的过程。

梳理与归纳的方法便是：

- 把所有影响、导致你当前产生压力的事情或项目写下来。

- 依次梳理清楚，并思考应对方案。

- 每找到一个应对方案，就相当于"清理掉了一个混乱因素"，熵的值就会降一些。

- 剩下少数暂时不知该如何解决的，至少能让你做到"对现状心中有数"。

你要明白，在压力临界点，你的内心表现是感到压力大、万分焦虑，但根源是你状态混乱，对现状没有掌控感。面对巨大的压力，你要做的不是立刻解决问题（这并不现实），而是重新把状态扭转成有序，重新获得掌控感。

　　知道自己有哪些事情要做、自己能否解决、该怎么解决、需要进一步思考的有哪些，这些就是获得掌控感、减少熵值的方式。

　　在你的思路重归有序后，你便可以突破压力临界的状态，真正地清空大脑去休息了。

自我掌控的力量

焦虑是"关切＋威胁"，更是理想与现实之间的落差。无论你是出于什么原因，导致自己产生了焦虑的心理状态，归根结底，是你已经失去了对自己的掌控感。面对理想与不确定的未来，我们所付出的努力都是在让自己对人生的掌控力更强一些。

也正因为如此，我们学着去面对焦虑和完美主义倾向，学着去管理时间和精力，在这一过程中，一点一点地接近理想，把想要的人生牢牢抓在手心里。

那些握在手心里的力量，终将使你更加强大。

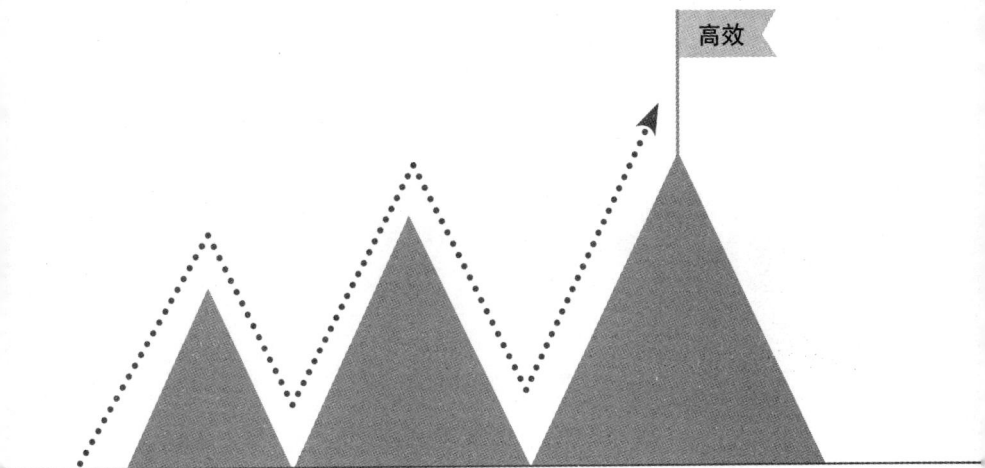

高效

PART 6

引爆执行力

塑造产品思维

移动互联网带火了一个岗位：产品经理。

很多产品经理在过年回老家时都很难向父母与亲戚们解释自己是干什么的。他们拿着高薪，却活得像个"干不正经工作的"。

但如果我提 3 个非常优秀的产品经理的名字，你一定能够立刻认出他们来：史蒂芬·乔布斯、埃隆·马斯克、张小龙。

苹果公司的创始人乔布斯，是科技领域百年难得一见的天才，他领导和设计的 iMac、iPod、iPhone、iPad 等产品先后风靡全球。在他的带领下，苹果成了全球最伟大的品牌和公司之一。

马斯克以特斯拉董事长的身份而闻名全球，但在此之前，他早就创办了美国太空探索技术公司（Spsce X）。2018年2月6日，美国Space X公司成功发射猎鹰重型运载火箭并完成一级火箭的回收，同火箭一起升空的还有一辆特斯拉跑车——马斯克成功地用火箭将汽车送上了天。比起天才乔布斯，他更像一个鬼才，总是能提出一些惊世骇俗的点子来，并将其实现。

张小龙是三人中唯一一个"不是老板"身份的，他不爱凑热闹，是个内敛的人。作为Foxmail邮件的开发者，他因为产品被收购而加入腾讯。然而，他却偏安于广州一隅，不肯去腾讯的深圳总部办公。正是在广州，他做出了超越QQ的微信。

在他们三个人的视角下，产品经理有创造力和颠覆性，有对消费者的深刻洞察，并做出极致的产品，亦能整合所有的资源，完成伟大的创造。

时至今日，每一家互联网与科技公司都会把产品管培生作为校招的重中之重，全世界最优秀的名校毕业生们角逐着腾讯、阿里、华为等尖端科技企业的岗位。

他们并非一上来就可以负责某个产品的开发，但他们必须要学会用有限的资源去实现自己的需求。

产品经理＝最强大的洞察力＋最高效的推进力。

而最高效的推进力是我们每一个普通人能从产品经理这个岗位上学习到的，也是人人都需要学习的。它是一个"通识技能"。无论你处在人生的哪个阶段，未来要在哪个岗位上持续前行，高效推进任务都是帮助你提升执行力的重要手段。

你不光要有想法，你还要实现它。

培养优先级发展

你是否遇到过这样的情况？新的一个工作日，你接到了一项领导安排或同事交代的任务，然后立刻开始工作。下午 3 点，你手上的工作差不多完成了，却突然想起被自己丢到九霄云外的另一项任务明天就要做汇报，而此时离下班只剩下两个小时，看来你今天要加班了……

或者，你有做 To Do List 的意识，不疾不徐地列出了所有的待办事项，却不知道该从何下手，干脆从简单的开始做。但做着做着发现，最重要的那一项工作还没有开始，而领导已经在催你了。

还有些人喜欢把轻松的工作留在后面，从最难的开始处理。结果卡在了最难的工作上，半天无法推进。眼睁睁看着一长串待办事项，你开始干着急……

其实所有这些问题，都来源于分不清主次。

很多人都知道一个"紧急／重要"公式，我们以此划分出 4 个象限（如下图）：紧急且重要，不紧急却重要，紧急却不重要，不紧急且不重要。

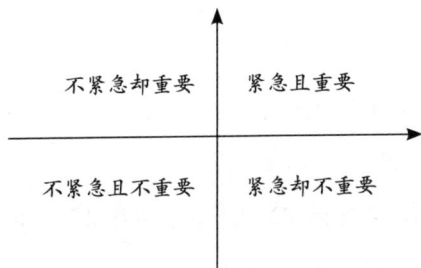

然后，将待办事项一次归类，并按照上述顺序依次处理。

可是很多时候你会发现，几乎所有的事情都是重要的，大概只有紧急和不紧急的区别。看着自己堆积在"紧急且重要""不紧急却重要"两个象限里的一大堆工作，你开始头晕了。

那是因为"紧急／重要"公式已经没有办法起作用了，你根本筛选不出什么才是真正重要的。这种时候怎么办呢？

不要着急，或许"优先级方案"可以帮助你做出点改变。

互联网产品经理是一群每天都在和 DDL 做斗争的人。

假设现在是 12 月 1 日，他们知道手上的 App 会在 12

月 15 日迎来一次更新。摆在眼前的有若干个需求，但时间只够他们做 3 个，那到底做哪 3 个呢？排优先级吧。

这就是"优先级方案"。

产品经理们往往会首先列举出他们需要做的事，然后给这些事情依次排优先级。最重要的那个是 P0（P 指 Priority，优先级），其次是 P1、P2、P3……虽然他们也会很认真地往后排，但到真正需要实施的时候，只有 P0 和 P1 是需要做的，剩下的都是"其他"。

因为时间有限，P2 以下的事情都被阶段性放弃了。或许下一次更新的时候，他们会将 P2 升级成 P1，但至少这次来不及。

普通人也用得上这套方案。你所记录的 To Do List 就好比产品经理面对的一箩筐需求，你需要给这些待办事项排优先级。这不再是"紧急"或者"重要"的区分，因为你会有更详细的要求，比如说：今天你只有 24 个小时，所以你只能给自己准备 1 个 P0 和 2 个 P1，剩下的你今天都做不了。

这样的话，你的任务会迅速缩减成 3 个——迫切需要完成的 3 个。

或许你会说：可我还是找不到最重要的那 3 个，我看每个都很重要呀！

别着急。产品经理们判断优先级也是有依据的，所以你也能找到属于你的依据。

"3"是一个神奇的数字，是不多不少、刚刚好的数字。一个问题，也始终被 3 个点所包围：What？ Why？ How？

也就是我们常说的"是什么？为什么？怎么办？"

大部分人会觉得"怎么办"最重要，这就是为什么人人都喜欢干货，因为干货教你该怎么做。

但在面对杂乱的任务时，"How"不一定能起作用。你更需要判断的是"Why"——为什么你要做这个？你的核心目标是什么？

举个例子，自 2018 年抖音火爆以来，腾讯和字节跳动的"掐架"可谓一直没停过。在那个时候，腾讯全面扶持微视，这是这家公司当时的发展战略。于是，我们看到，相当一部分腾讯系的产品都接入了微视，就连微信朋友圈这样重磅级的位置都给了微视一个入口。

对微信本身来说，给微视一个入口并没有什么特别大的作用，既不能提升月活 [1]，也不能提高口碑；但在当时，

---

1. 月活：指网络、App 等月活跃用户数量（去除重复用户数）。

最重要的目的是全面支持公司在短视频领域的竞争，那么"为微视引流"就是微信的 P0。

所以，P0 这么关键的任务，一定要服务于你的目的。这对任何职业来说都如此。如果你是一位销售，你最大的目的就是签单，那你工作中的 P0 就是服务好给你最大订单的客户；如果你是一位新媒体运营，你的升职、奖金都来源于一篇篇阅读量 10 万加的文章，那么这段时间内，你最重要的事就是找准一个热点写出一篇爆款来。

记住，你的 P0 只有一件事，那你做好了这件事，要么可以在达到目的的道路上更进一步，要么就是减少了阻碍。总之，一切以根本目的为导向。

思考"How"之前，务必先想想"Why"。

这个 Why 比起"为什么"，更多的是"为了什么"。

如果你会找 P0，那 P1 就不难找了。

道理都相通的，能有效服务于你的目的的，就是重要的工作。其中，除了 P0 以外，对你最有帮助的事就是 P1。

P1 具体有多少件，取决于你单位时间里还能做多少事情。假设你的单位时间是一天，那么今天你完成 P0 后，预估自己还剩下小半天时间，再看看你剩下的工作，恰好可以顺着优先级再做两件事，那这两件就是你的 P1。

你的单位时间也有可能是 1 周。那这样的话，P0 可能有两件，P1 有 3~5 件。而单位时间的长短，完全取决于你的工作性质和工作习惯。

或许你会问，那 P2、P3 怎么办呢？

答案是：不要做。

如果没有新的 P0、P1 出现，它们自然会在紧随其后的下一个单位时间里成为新的 P0、P1。但如果有更重要的事情出现，你根据目的去评估后，自然也会先去做更重要的新工作。

这就意味着 P2 根本没有那么重要。

你也许会发现，有些工作拖着拖着就没了，其实这些工作就是 P2、P3、P4……看着感觉挺重要的，但真不做也不会有什么影响，所以干脆不要去想它了，把时间留给更重要的事情吧！

构建结果导向型思维

我听朋友们抱怨工作与生活，其中常常包含这样的话：

"我已经尽力了呀，可我爸妈还是嫌弃我考的分数低。"

"我明明很努力了，这件事不能怪我，×××也没有做好，而且还有一些外部因素我无法更改……"

"好委屈啊，领导怎么可以这么冷漠，一点情面都不给留？"

在很努力去做一件事却还是没做好的时候，每个人都会委屈，都会抱怨。这个世界上并非所有事情都是在我们的掌控范围内的，你总会遇到半路杀出来的"猪队友"或者意外事件，导致结局不尽人意。

抱怨本身，其实没有问题。认为自己没做错，也没有问题。但你发现真正的问题所在了吗？

在抱怨背后，真正需要反思自己的是：我们是否缺乏结果导向型思维？

结果导向型思维是什么，有什么特征？

- 以完成目标、达到结果为原则。

- 行动步骤依据结果来制定，为结果而服务。

- 不因过程的艰难而自我感动。

- 无论有什么特殊原因，没有达到既定目标，就是自己的责任。

- 有一个衡量结果的客观标准。

总结一下：一切以结果为前提，充分考虑各种变量，为达到想要的结果而制订计划。

其实这种思维你很早就经历过，只不过是别人帮你规划的——高考就是一个为期 3 年的结果导向型目标。你说自己有多认真、有多努力也没什么用，考砸了，3 年时光就是白费，也许还要乖乖去复读。

结果导向型思维不是完美的，它甚至看上去十分功利。但它之所以被全球知名的公司广泛运用，并作为人才考核的一个重要标准，一定有它的优势所在。

它的优势就在于让你做对的事，最终得到一个对的回馈。

结果导向型思维听上去简单，真正实现起来并不容易。我们该如何切实拥有这种思维？不妨考虑从这三个方面入手：摆正心态、正向突围、反向逆推。

摆正心态：一切以结果为前提

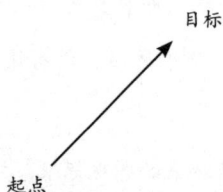

图 1 理想状态

我们做事情的理想状态如图 1 所示：在很多人的眼中，达到目标的过程是一条直线，只要按部就班地往前走，就可以完成。好比我要去冰箱里拿一瓶果汁，我只需要走到冰箱前，打开门，拿出果汁，关上门。

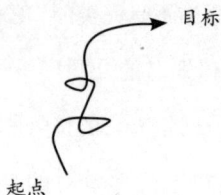

图 2 实际情况

但面对复杂的事物，真实情况往往是图 2 所呈现的那样：事物的发展虽然按计划在逐步推进，但却呈现了螺旋变化中上升的整体趋势，还可能会有暂时性的倒退。你必须得不断地探索，不断地试错，然后自我纠正，才能达到最终的目标。

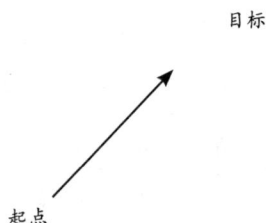

目标

起点

图 3 不切实际的理想

还有的时候，我们会出现图 3 的情况：我们制订的计划可能本身就是不正确的，存在我们没有考虑到的问题，无法通往我们想要的终点。这是一种想当然式的规划。

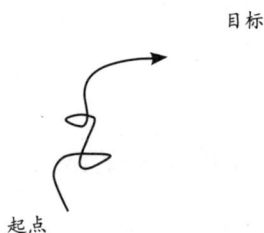

目标

起点

图 4 尽力了却没完成

但我们抱怨最多的，反而是图 4 的情况：我们没有及时发现自己的计划是有问题的，或者中途出现了我们未能考虑到的意外因素，以致我们做了很多努力，却全部付诸东流，并没有达成我们想要的结果。我们为此受到了批判和非议，心情非常沮丧。

我们希望理想再"骨感"一点、再直接一点，但现实往往过于"丰满"，让我们应接不暇。即便如此，在图 1 和图 2 的情况下，我们都可以达成一个圆满的结果。然而，图 3 和图 4 却未必如此。"只差一点"和"我很努力了"都是不行的。

懂这 4 张图，就是要明白：结果导向型思维的前提，在于正确的心态。

它并非要我们不择手段，而是要让我们意识到得用正确的方法，并认清楚事物螺旋上升的现实，由此对目标产生更加清醒的认知。只有明白一切不易，才不会在图 4 的情况下心生抱怨。

正向突围：围绕正确的结果制订计划

我们大多数人眼中的执行力很强的那些人，给人留下的印象往往是效率极高、动手能力强、行动速度快、不拖延等等。这些都是拥有执行力的人的基本特征。

但这不代表执行力的训练就到此为止了。因为更高层面的执行者不仅仅是行动上的执行者，更是一个思想上的执行者，是拥有全局观的人。

比起做决策，更多的人还是"做事情"。别人交给我们一件事，我们就去把这件事做好。如果做好了，就得到奖励；如果做不到，就会受到批评。那全局观是否还有必要呢？当然是有的。

我们不妨思考一下：什么是把事情做好？什么是把事情做对？再回忆一下你曾经"做错了"、被批评了的事情，真的全部是因为你没有按照要求去做吗？

有的时候你做错，是因为你根本不知道"正确的结果"是什么样。

我的第一份实习工作是在网易新闻。当时，我们要整合自己的宣传资源，给客户做提案。彼时我只是个"干杂活的"，带我的老师把所有的内容都敲定下来，依次告诉我要点，然后我就负责把这些核心要点变成一份份策划和 PPT。但在跟进某一个案子时，因为老师手上的事情太多，把内容交代得很粗略。而我自顾自地以为，我只要按照他说的去做就好。等我把相对应的 PPT 交上去时，被老师痛骂了一顿，直言

"我们难道就拿这样的东西给客户看吗？！"那天晚上，我一边加班改 PPT，一边蒙圈地想：你之前也没告诉我要这么做啊……

这件事给我的最大教训是：别人交代给你的任务，最后不一定是他们真正想要的结果。

有些人表达有歧义，说出来的内容和内心想法并不完全一致；有些人表达的时候有疏漏，但却以为你都明白了，等你把工作交上去的时候再痛批你一顿；还有的时候，面对一些有歧义的要求，你理解的内容根本就不对。

这些因素都影响了你对目标结果的判断。这就是为什么我会说"有的时候，你压根就没搞清楚什么是对的，这才导致你做错"。

搞清楚正确的结果，就是全局观。对于行动上很高效的人来说，如果他们能在全局观上加以修炼，弄明白自己想要的到底是什么，他们会更有效率，执行力更强。

那怎么搞清楚正确的结果呢？如果你是一个决策者，这更多地需要你对目标的自我判断；但大多数人都不是完全的决策者，往往是接到了一个目标，去充当执行者的角色，那么这个时候，你就需要细化目标，通过反复询问去确认正确的结果是什么。

这种思维在生活上的运用也很多。我身边有一对情侣谈婚论嫁，买了婚房，男方负责装修工作。他询问自己的未婚妻："咱们装修成什么样的？"

他的未婚妻回答："北欧风吧，清爽、干净、明亮的那种就好。你看着来。"

男方就真的"看着来"了。

装完之后，女方却不是特别满意，两人闹了一场别扭。我和他们小两口聚餐时，两人还当着我的面拌起了嘴。

女方生气道："你在客厅放电视机干吗？有人看电视吗？你还不如留点空间，以后生孩子了做成宝宝的活动区。还有，咱们家房间本来就不够，书房为什么不做个榻榻米？"

男方拉着我说："你评评理，她自己就说了要北欧风，风格她也满意呀！有这些额外要求她怎么不早说？"

"那你也没必要搞个那么大的电视呀！"

"可是别人家也这么装的！"

……

吵完之后，我问女方："你之前怎么不说清楚呢？"

女方叹了口气："哎呀，我以为他知道的啊！"

我又问男方："你觉得你们用得上那台大电视机吗？"

他笑道："哈哈哈……应该是用不上的。"

虽然他们拌完嘴后就没事了，也不伤感情，但这件事本来可以做得更好。

如果双方都往前考虑两步，多沟通沟通，搞清楚他们想要的装修到底是什么样的，再针对这个目标去做装修计划，那么这种小争吵其实都可以避免，也能省下一大笔日后改造客厅和书房的花费。

先搞清楚想要的结果是什么，再围绕正确的结果去高效地执行计划，才是执行力的真正体现。千万不要想当然地觉得"他知道我想要什么""我知道他想要什么"，因为你可能真的不知道。

反向逆推：用结果纠正行为

我们前面说到，结果导向的最后一个特征，便是"有一个衡量结果的客观标准"，这个标准可以用来帮我们检测是否达到了既定目标。但往往我们检测出来两个结果：达成了，皆大欢喜；没有达成，该怎么办呢？

这个时候，我们需要用结果来纠正行为。这就意味着我们的客观标准需要和行为一一对应。

产品经理有个好习惯——在构思功能的时候，就预先想好在哪里埋统计点。统计点，顾名思义，就是你只要操作了这个行为，系统就会记录下来，把数据报上去。

举个简单的例子：一个 App 装机量[1]1000 万，产品经理在你打开 App 这个动作下埋好统计点，打开后点击 X 键再埋一个统计点。那么，今天系统就会上报开机的人数和使用了 X 键的人数。

由此，便形成了一个最简单的漏斗图：用户数→开机人数→点击 X 键的人数。层层递减，分别得出概率。

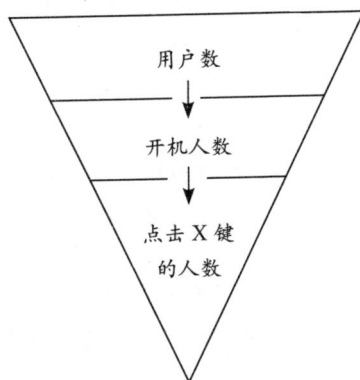

```
           用户数
             ↓
          开机人数
             ↓
         点击 X 键
          的人数
```

产品经理就是用这样的形式来得到一个清晰的反馈：我做的这个功能，用户喜不喜欢？

---

1. 装机量：指某一 App 被安装的手机数量。

在实际工作中，产品经理绘制的漏斗图远比上图复杂。但无妨，这并非让我们真的要去埋统计点，而是要学会这种"事先想好如何检验结果"的方法。

这就意味着我们要多留意自己的行动：

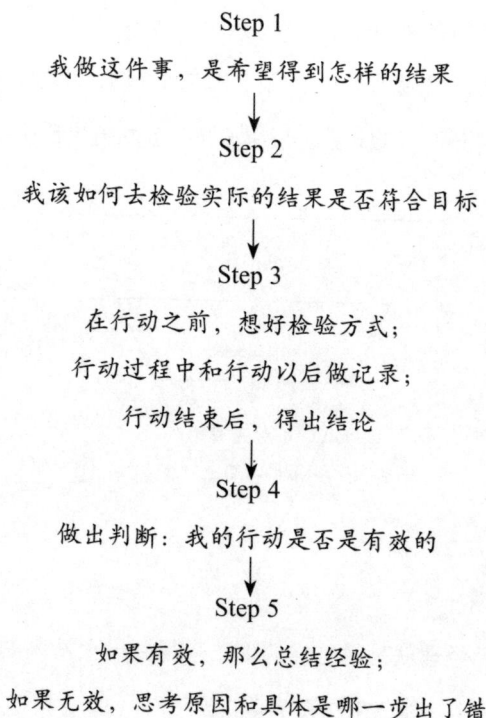

Step 1

我做这件事，是希望得到怎样的结果

↓

Step 2

我该如何去检验实际的结果是否符合目标

↓

Step 3

在行动之前，想好检验方式；

行动过程中和行动以后做记录；

行动结束后，得出结论

↓

Step 4

做出判断：我的行动是否是有效的

↓

Step 5

如果有效，那么总结经验；

如果无效，思考原因和具体是哪一步出了错

这样的 5 个步骤，便是在给自己埋统计点、做漏斗图。你在"拆解漏斗"的过程中把结果与行动一一对应，进行归因，效果好的下次再用，效果不好的则抛弃掉。

我们可以把现实生活中的任何目标与行为套进这组步骤里。比如说，我们想要通过饮食控制来减肥（Step 1），我通过少吃一点，然后每天测体重和体脂率的方式来检验成果（Step 2 和 Step 3），一个月后，我看到了自己的体重变化，确实瘦了（Step 4），这个方法确认有效（Step 5）。

如果在 Step 4 时，我们发现行动无效呢？比如说，我们并没有瘦下来，或者只瘦了一点点，并非我们的理想值，那该怎么办呢？

这个时候，你就要回到前面几个步骤去找原因。你可能会发现，少吃一些和减肥的关联度并不强，因为你平时吃得太油腻了，你的计划本身是有问题的（回想一下 P183 里"摆正心态"的图 3），此时你就需要修改计划，比如说改变饮食结构。随后，再走一遍 5 步流程，确认自己的新方法是否有效。

事先想好如何检验结果，就是在找对应关系。遇上复杂的任务，等到你真正出错的时候，你是不一定能理清楚到底是哪里出了问题的。你为每一个重要的行动找到一个可以观察的点，就能更方便你做出调整。这种事前意识极为重要，是帮你更好完成结果的良方。

这是一种通过结果来反推过程的思维。如果你陷入了"费尽千辛万苦却没能达成目标"的困境，最好的办法便是做反向推理，搞清楚到底是哪一步或者哪几步做错了，修正错误的行为，用更有效的行为去代替，直奔目标，勇往直前。

当我们刚开始实行结果导向准则的时候，时不时会陷入一些误区，或者自我怀疑。

以结果为导向就是功利吗？当然不是。把事情做正确，把生活过好，难道是一件功利的行为吗？

以结果为导向的行为准则，是在产生价值。如果我们只重视过程，以及实施过程中达成的内心满足感，那只能给我们带来虚无缥缈的自我感动。所谓结果导向，其实是在强化执行的过程。只有结果到位了，才是真的到位。

事事皆可以用结果导向的思维吗？也不是。它只在你有明确的目标时有效。

有些事情就不可以使用这种思维，比如说情感问题，与人交往的问题。当你想要的"结果"实际上是"目标"时，问题就会变成"我想怎样"，这就能帮你做好事情；而在人与人的交往中，通常不是只有你一个人的欲望，则不能只考虑"我想怎样"，这就更需要注重过程，考虑他人的心情，而非你自己想达到的结果。

结果导向型思维不是万能的，只有用在正确的地方，才能发挥它的最佳效果。

发挥优势，改变劣势

你知道制造一部 iPhone 需要多少个国家的努力吗？iPhone 的设计成形于美国，稀有金属原件的原材料来自中国，屏幕来自日本和韩国，半导体制作来自欧洲，芯片制造来自韩国和美国，组装则在中国进行。

如果没有全世界供应链的通力合作，根本不会有 iPhone 的诞生。不仅仅是 iPhone 如此，全世界的手机厂商都是这样的。

奥巴马还任职美国总统时，曾经问乔布斯："为什么苹果公司前一年销售的 7000 万部 iPhone 和 3000 万部 iPad 几乎都是在海外生产，难道这些工作不能在美国国内进行吗？"

乔布斯直截了当地告诉他："这些工作不能在美国做。"

因为高昂的劳动力成本和部分资源的稀缺，美国根本"不擅长"做这些事。

我们很小的时候就从课本上学过经济全球化、贸易全球化，这是全球最大的通力合作。一个国家有自己擅长的东西，自然会有自己不擅长的东西，它们会选择把不擅长的工作交给擅长的国家去做。这不仅出现在中国、东南亚国家所带来的低价劳动力的组装工作，还有来自全世界各个国家的独家先进技术。

这些事情离我们并不遥远，因为人与人之间也一样如此。在我们的日常生活中，也有很多小的、细分的合作。比如说，在我家里，永远是我爸负责烧鱼，我妈负责做红烧肉，因为这是他俩分别擅长的"硬菜"，换人做就不好吃了。

这种发挥优势的分工无处不在，但我们很多人在真正面对生活的时候，却忘了这回事，导致既没有把自己的优势发挥出来，又不知道该怎么处理自己不擅长的事。

要么选择自己扛，结果事到临头发现扛不起来；要么明确意识到了自己扛不动，干脆放弃掉。

我们真正想要的，绝对不是揽下我们力所不能及的事情，而是把事情做好。你我皆凡人，全才在这个世界上极为少见，在自己有天赋的方向深耕，才是脱颖而出的最佳法则。

那么，不妨尝试多做自己擅长的事情，把自己不擅长的那部分交给更懂、更擅长的人，发挥优势，改变劣势。

找到你的优势所在

我们在自我介绍的时候，经常会加上一句：我比较喜欢什么，擅长什么。比如，我喜欢音乐，擅长弹吉他；我喜欢看书，擅长写作，等等。

这种问题在面试时也时常遇到。面试官常常会问："你觉得你最大的优点和缺点分别是什么？"

大多数人都知道自己喜欢什么，但不是所有人都知道自己擅长什么。因为有的擅长的点，是客观现实，比如乐器、绘画、演讲等等；有些擅长的点，是抽象的，比如缜密思维，高效执行、领导力、管理能力等等。你首先得知道你的优势是什么，再搞清楚该如何去发挥它。

"优势"是有定义的：在做某一类型的事情时，能超过身边绝大多数的人，持续拥有近乎完美的表现。

你不妨回忆一下自己过去的人生，有什么事情是你做得特别好的？由此，找出自己的优势来。

在这个寻找优势的过程中，还有一个公式值得你参考：

优势＝（天赋＋知识＋技能）× 投入时间。

- 天赋：你天生就擅长、做起来比别人更快更好的事情。例如，有些人天生就有绝对音准，在学习音乐方面就比常人要容易许多。

- 知识：你额外学习的、前人总结的知识经验。如果是在你的天赋领域，你可能对这些知识会学得更快，或者更深入，这是深挖你天赋的过程；也有些人，可能天赋并不算突出，但从小就对某一方面的知识进行深入学习，有着大量的知识储备，那他在这一领域也会具备一定优势。

- 技能：你所掌握的一门方法。比如说，绘画的方法、编程的方法、说服他人的方法等等。

将这三者相结合，并持续投入时间加以训练的同时，积累大量的实战经验，便最终形成了你的优势。

现在，你可以思考一下自己的优势在哪里了：

- 有没有我生来就擅长的事情？

- 有没有我学习了很久的专业知识？

- 有没有我已经掌握得很好的技能？

如果你在做一件事的时候，感觉到了自己的强大，觉得体内充满了力量，那它就一定是你的优势。

发挥优势的 FREE 法则

在你已经明确了自己的优势所在后，接下来的问题便变成了到底该如何做，才能发挥自己的优势。

那你不妨尝试一下 FREE 法则。这一法则由全球顶尖的效率管理专家马库斯·白金汉提出，其中包含以下 4 点：专注（focus）、放手（release）、教育（education）、拓展（expand）。

- 专注：专注于自己所擅长的、能充分发挥自身优势的事情。如果你语言天赋特别好，那你可以去外国语大学深入学习，日后可以从事翻译工作；如果你的色彩感知力特别强，那你可以学习绘画，或者从事设计工作；如果你一呼百应，朋友们都爱听你的话，那你或许能成为一个出色的管理者。

- 放手：对于自己做得不太好的事情，或者有新技术、新知识可以替代的事情，大胆地放手交给别人，或者交给新技术。在有电子表格的年代，为什么要按计算器呢？有程序员写代码、设计师做图，产品经理为什么要自己操刀呢？学会放手，是专注于长处的另一种体现。

- 教育：通过不断的学习，拓展自己所擅长领域的边界。你所擅长的事情，总是能归进某一个领域，但你永远无法做到对这个领域的知识全面掌握，因为知识体系总是在随着时间不断更新。因此，我们要持续学习，去拓宽我们在所擅长领域的深度，保持自己的优势。

- 拓展：围绕自己的天赋、知识与技能，向外拓展和延伸。我们前面说到，有语言天赋的人可以从事语言相关的工作，那如果你既有语言天赋，又擅长与人打交道呢？你可以从事海外贸易。若你除此之外还心思缜密，那你不妨试试去考一下外交部，成为一名外交官。围绕着自己的优势，伴随着不断的学习，你便可以拓宽自己的边界。

总而言之，FREE 法则就是专注于发挥自己的优势，放弃那些我们不太擅长的事情，通过不断的学习来拓展我们在相关领域的深度，并最终拓展我们人生的广度。

检验行动的 KISS 计划

记得我们上一章说的吗？以结果为导向，给自己"埋统计点"。既然要成为一个优势发挥者，通过发挥自己的优势来提高执行力，那你就要有一套方法来检验自己做得是否到位。

- 我找到的优势，真的是我的优势吗？
- 我学习的相关知识，产生效果了吗？
- 我还该继续做这件事吗？

KISS 计划便是解决以上 3 个问题的行动方法。

和 FREE 法则一样，KISS 计划也是由 4 个英文单词的首字母构成：保持（keep）、提升（improve）、开始（start）、停止（stop）。

- 保持：过去做得好的、顺手的、让你感觉到有积极反馈的，就持续下去，保持这种让你舒服的节奏，亦保持度高效率、高品质的输出。
- 提升：确认是你所擅长领域的内容，但因为你目前一些知识和技能上的欠缺，做得不够优秀、不够有效率，那你便要想办法做出优化和提升。
- 开始：你的优势还没有被发挥出来，那就去更多地寻找能发挥出你优势的事情，开始尝试着去优化任务分配。
- 停止：那些浪费了你太多时间却做不好的事，或者

你尝试了学习和优化，但依旧做起来很低效的事情，

那不妨停下来不去做，交给更擅长、更适合的人。

用 KISS 计划检验你的 FREE 法则，看看自己为发挥优势所做的一切是否真的有效，然后再根据结果进一步去优化过程。

你小时候应该听过乌鸦喝水、猴子掰玉米、沙滩捡贝壳之类的故事，大意都是告诉你，只要你有毅力、有恒心，也能积少成多，最终也能喝到瓶底的水，或者拥有一袋子的玉米和贝壳。

但现在想来，你明明可以滚雪球，干吗非要一颗一颗石头往瓶子里丢？别人都滚成一个超级大的雪球了，融化了能变成一缸水，你却只有那么一点点水可以喝。

FREE 法则与 KISS 计划，能够帮助你成为一个"滚雪球"的人，帮你把木桶中长的那块板子不断延伸，变得更长一些。木桶里能装下多少水，根本就不取决于最短的那块板，因为你可以斜着装水，也可以和那些跟你互补的桶拼在一起呀！

把事情交给擅长的人

我们在前面就说了"产品思维"在普通人身上的运用。产品思维有个特征：产品经理往往是个指挥家，让低音部

演奏的时候，就低音部上场，让高音部奏响的时候，低音部就立刻停下不动。在现实生活中，他们指挥的便是程序员、设计师、运营这些人。

很多产品经理根本敲不来代码，也不精通修图软件，但他们知道让擅长的那些人去做。

我们前面也一直在强调：发挥优势的另一面，就是你不擅长的那些事，你要放手，要停止！

如果是一家企业，可以把广告制作交给广告公司；把宣传推广交给公关公司；把内部管理优化交给咨询公司。

总而言之，让专业的人去做专业的事，通常会比你亲力亲为要快得多。节约下来的时间用在自己的优势上面，还能让大雪球滚得更快一些。

把事情交给擅长的人，第一个做法就是"学会外包"。

你知道咨询行业是如何诞生的吗？麦肯锡的创始人詹姆斯·麦肯锡曾经是美国芝加哥大学的会计学教授。当时，学界和业界的注意力集中在该如何去管理工人上，但詹姆斯却认为需要有一种科学的方式来管老板——帮助老板提高企业的运营水平。他是美国第一位商业政策教授，也第一次提出了管理咨询的理念，并于1926年创办了麦肯锡公司。

到了 21 世纪，全球 500 强企业每年都在寻求规模比他们小得多的咨询公司的帮助，因为他们相信，这些专业的咨询团队可以帮助他们解决问题。

同理，无数的企业会请广告公司为他们制定整合营销传播策略，会请猎头为他们挖来业务能力顶尖的高管，会请劳力派遣公司为他们招聘非编制的外包员工。

这也是我们可以从中学到的：有些事情你并不擅长去应对，但你可以交给擅长的人去做。这种"外包"的手段并不低级，相反，还能显著提高效率。

这其中包含两点：

- 把专业的事情交给专业人士去解决。
- 把琐碎的工作交给效能人士去解决。

这是人人都可以在生活中运用到的方式。

每年春节前，我家里都会进行一次彻彻底底的大扫除，这往往由一家三口共同完成。前年，我建议母亲请一位上门保洁来帮忙。其实我俩原本只是想偷个懒，并没有指望太多，但完全没想到的是：保洁阿姨的干活速度至少是我的两倍，此外，她还搞定了我们从未彻底擦干净过的厨房灶台！

保洁阿姨对我说，不同的污渍要用不同的方式去解决，她平时见过的多了，所以看一眼就能判断出该怎么办。她还给我演示了好几种不同的处理方案，看得我连连点头。虽然我根本没记住她教我的细节，第二年，我们家毫不犹豫地又选择了这家家政公司的保洁服务。

这件小事让我意识到，如果你选择对了"外包"的对象，那你不仅可以节省时间和精力，还能收获比自己动手去做更好的成果。

不要怕外包，把事情交给专业的乙方替你完成。学会请月嫂，请搬家公司，请上门保洁，等等。你需要慧眼识别对方是否靠谱，或者事前通过合同与条约来维护自身的权益，但不要对"外包"这件事产生抵触情绪，因为随着你越来越强大，你便能意识到，你会更愿意花金钱买时间。

除了外包以外，还有一个做法，便是"组建优势互补的靠谱团队"。

有些事你是没法外包的。老师交代的团队作业能外包吗？创业项目能外包吗？老板交给你们部门的工作能外包吗？都不行。

此外，这些事靠你一个人是做不了的，你需要团队，需要队友，需要大家通力合作。

但通力合作也是需要技巧的，并不是你找了一些很厉害的人，你就能把事情做好。我见过一个很失败的案例：我的一位插画师朋友在业内小有名气，自然而然她也有许多的同行好友。当她动了创业的心思时，她便请来两位同样业务能力很强的画师朋友一起合作。在她看来，三个人水平都这么强，不愁接不到活干。

她的想法本来并没有错，就是想得过于美好，因为创业不只是画画那么简单，她需要拉生意、谈客户、注册公司、做账……可是这三个人都只会画画啊！

最终，这个小小的创业公司持续了不到半年就关门大吉了。三个人分别重新找了工作，还是觉得好好画画比较简单。

我觉得他们的判断是非常正确的，这就是一个很好的"停止"行为——他们尝试过了，但发现自己不太擅长做这个事儿，那就立刻停止，及时止损。

但我们还可以反思一些更深的东西：如果当时这位插画师寻找的创业合伙人是拥有其他能力的人呢？

例如，她找了一位业务员，特别会拉单子，她就负责做插画和设计，业务员负责谈生意。那这样的话，她的公司是不是更有可能发展良好？

她在创业的时候，自以为组建了一个实力强大的团队，但实际上创业不只需要一种技能，而她的团队成员能力过于集中，过于不平衡，这便直接导致了她的失败。

这便是"组建优势互补的靠谱团队"的重要性。具体到"如何组建"，原则便是：

- 第一，要为人靠谱、能力强。
- 第二，彼此之前能力要有差异化，大家优势互补。
- 第三，互相包容，通力合作。

小到团队作业找谁一起做，大到创业找谁一起合伙，都要遵循这三个原则。

发挥优势，改变劣势，让自己的雪球越滚越大，也让他人的大雪球来为你提供帮助，这才是聪明的执行者的做法。

优化合作，突破"大潜能"

在上一个章节，我们一直在强调：要学会放手和停止，把不擅长的事交给专业的人去做。这其中可能会产生两种关系，一种是外包关系，另一种是团队合作。

前者是你付出金钱，找到靠谱的人去帮你完成某件事，彼此之前是雇佣关系，就算是运气不佳出现了问题，那也可以根据合同和相关法律规定来解决。

但后者却没有那么简单。一旦涉及团队合作，便有了"队友"这样的存在。你们必须得相互依靠才能把事情做完，但是很可能个人有个人的想法，你又想按自己的意愿把事情做好，又需要顾及他人的感情，一旦发生矛盾，可能会爆发很严重的争吵……

团队合作无处不在，并且从来就不是一件容易的事情。其实夫妻就是一个典型的合作案例，男女双方生长于不同的家庭、不同的环境，却因为爱情走到了一起，要共同度过余生五六十年的光阴，过得下去的人互相磨平了棱角，过不下去的人便散了。

无论如何，你都要意识到：人是社会化动物，你逃不开合作这件事。合作可以产生共赢，所以不要抵触它，要学会去适应。

在详细说明该如何变成一个善于合作的人之前，我们需要先搞清楚症结所在：我们到底在合作上遇到了什么麻烦？

合作的困境

合作的第一个麻烦是：处不好。

鲁迅先生写道："人类的悲欢并不相通，我只觉得他们吵闹。"

这话并没有错。我们每个人都有着自己独特的成长轨迹，就算基因被复制，陪伴我们长大的人和环境都不尽相同，因此，每个个体都产生了自己独特的思考方式和行为方式。

一旦大家为了一个目标走到一起，通过合作去完成一些事情，这些独特的思考方式与行为方式便会碰撞、交织，产生刺目的火花。

我不止一次听到来自情侣、夫妻、同学、同事之间的抱怨：

"我不知道他是怎么想的，为什么他会这样？"

"这个方案根本就不可能实现，太天真了！"

"我们无法交流。"

"跟他相处真累。"

我们无法互相理解，就连试图去了解对方的时候，都会因为思维的差异导致脑电波对不上。一句无心的话可能会被有心人在意，一个有歧义的句子可能会导致结果千差万别……我们恨不得离糟糕的队友远远的，一切都按自己的心意来。

最终，情侣选择了分手，夫妻选择了离婚，同学选择了老死不相往来，同事表示要么你走，要么我辞职。

合作的第二个困境更为致命：我们太擅长内卷化[1]竞争了。

我的硕士室友今年夏天进入某家中资前十的投行实习。

---

1. 内卷化：指一种社会或文化模式在某一发展阶段达到一种确定的形式后，便停滞不前或无法转化为另一种高级模式的现象。

南京大学经济系本科、香港中文大学商学院硕士、3年银行从业经历——她用这样的简历淘汰掉7个清华金融工程专业的学生之后，拿到了"唯二"的实习生名额。和她同时入职的另一位实习生来自新加坡国立大学金融系。

这个部门有留用名额，但并没有告知具体有几个。于是，残酷的内卷化出现了。另一位实习生几乎处处在跟她较劲，就连她发到公司群里的报告，对方都要修改一下重新再发一遍，然后当着大家的面说："结尾处有点问题，我帮你改掉了哦。"

在对方眼中，这是一场不是你死就是我活的厮杀，一旦落入下风，就会被残酷地淘汰掉。他俩如果共同把事情都做漂亮，其实很有可能两人都留用。

我们特别擅长内卷。从刚站到同一个起跑线开始，彼此之前就开始比这比那。你哪儿比我优秀，哪儿比我差，我要怎么做才能成为最突出的那一个……这样的心态无时无刻不出现在我们的生活中。即便是在进行团队任务，我们也要争取成为贡献最大的那个"第一作者"。就连现在的偶像团体，也要为"C位"竞争。

其实，我们本该考虑该怎样合作才能达成目标。但现实情况往往是，我们纷纷以自我为中心，不断想着该怎样表现才能超越队友。

合作的困境，根源在于我们从小到大的错误认知。

从呱呱坠地到高考结束，你人生的头 18 年，都在父母的精心照顾下长大。国人一向注重子女教育，很多家庭都认为"苦了谁都不能苦了孩子""穷什么都不能穷教育"，长辈亦有望子成龙、望女成凤之心。

所以，很多家庭对子女的培养观念都是"你要成为第一名，你要出人头地，你必须要做最好、最优秀的那个乖孩子"。

有的家长甚至会对孩子说："你不要和成绩差的小朋友玩，他们会带坏你。"顺便教孩子一个新成语：近朱者赤，近墨者黑。

我们的教育制度亦是如此。据统计，我国的学生基本都可以完成九年义务教育，但只有一半的人能上高中，在此基础上，高考达到一本线的人更是少数。北京市和云南省教育招生考试院的数据分别显示：2018 年，北京市高考人数 63073 人，一本文理达线人数合计 21468 人，一本达线率高达 34.04%；同年，云南省高考人数 300296 人，一本文理达线人数合计 41019 人，一本达线率仅为 13.66%。[1]

---

1. 参见 http://gaokao.eol.cn/bei_jing/dongtai/201806/t20180623_1611882.shtml，https://baijiahao.baidu.com/s?id=1604335323886290313&wfr=spider&for=pc。

你发现了吗？我们接受到的教育本身，就是一个内卷的过程，是残酷的社会达尔文主义。那些名校毕业的学生更是深谙此道，因为他们本身就是过去 20 多年内卷过程中的胜利者。

所以，他们当中会有一部分人，即便聪明、好学、上进、个人能力极强，也难以意识到个人的力量始终是有限的，只有人与人之间相互支持与合作，才能形成巨大的推动力。

一颗孤单的星星无法与月光争辉，群星却能使夜空更加璀璨。

找到你的"大潜能"

你可以做一个很小的实验：去爬一座高山。你独自站在山脚下时，与你和朋友一起站在山脚下时，大脑感知到的"高度"是不一样的。后者会感到高山矮一些，你会觉得爬到山顶可能也没那么难。

个人的执行力，在于没有外力帮助下时自己可以达到什么样的水平。这是你自己的潜能，它会有天花板，被你提升到一定程度后，便很难突破了。

但"大潜能"是没有天花板的，因为它需要借助外力。

它的提出者是这样描述它的：

大潜能＝个人特征×（积极影响－消极影响）。

假使你常年登山，拥有健康的体魄，现在，你要去征服珠穆朗玛峰。但人类之前从未尝试攀登过珠峰，你对珠峰一点都不了解，也没有什么大本营之类的地方帮你做最后的登顶准备，那你还有自信心征服这座世界最高峰吗？

——不到 0.1% 的可能性。

不过，现实情况是：当今世界已经有很多人征服过珠峰了，他们给后人留下了详尽的经验；珠峰有了西坡和东坡两个大本营，能让你进行充分的休整后再进行登顶之旅。"消极影响"被减少了，现在，你去攀登珠峰是不是觉得有把握多了？

如果你有不止一位靠谱的队友能与你并肩通行，你们还雇用了一位夏尔巴人[1]做向导，次日天朗气清，没有大风也没有暴雪。"积极影响"大大增加，你是不是便更加自信了？

哪怕只是在脑海里过一遍这样的场景，你也应该能明白，"大潜能"的公式是切实有效的。而上述例子中，无论哪一点，其实都是由"人"留下的，都是团队的力量。

提出"大潜能"这一概念的人，是肖恩·埃科尔。他

---

1. 夏尔巴人：藏语意为"来自东方的人"，以"喜马拉雅山上的挑夫"著称。

是积极心理学领域的先锋人物，是享誉全球的《幸福课》课程的主要设计者之一。

在他的学术研究与实践中，他发现：学生的个人属性和他们的表现及成功没有任何关系。比如说，穷学生和富学生可以考同样的成绩，获得同等程度的快乐；脸书上拥有的好友数量预示不了任何事情，哪怕你的好友数特别多，也不代表你是个外向型人格。在他的学生们从哈佛毕业走向社会后，那些真正出色的人不是绩点最高、能力最强的，而是最适应校园文化与人际交往的那群人。

他由此发现，如果你希望自己更加成功，个人发展具有更加深远的纵深度，那你就要追求集体成功，而非个人成功。

这又和我们从小听老师说到大的"集体主义"不一样。我们从小接受到的集体主义精神，是集体利益大于个人利益，是一种牺牲与奉献精神。但肖恩所说的集体主义，是在探寻胜利的真谛：不要关注个人的成功与得失，而是要为了集体的胜利去拼搏，这样去做，你会发挥出更强大的个人力量，这股力量比你只关注自己的时候要大得多。

他举了这样一个例子：皇家马德里斥资巨资组建了一个超巨星球队，罗纳尔多、贝克汉姆、齐达内等人汇聚一堂，结果，2004~2006 年之间，这支超级豪华球队迎来了史上最糟糕的赛季。一堆明星球员在一起，不一定能带来一支明星球队，因为他们谁都不服谁。

积极影响减少了，消极影响反而增加，潜能怎么可能会被发挥出来？

如果你想要突破自身执行力的天花板，你必须要停止评估自己：我今天做得怎么样？做到了最好吗？我能给自己打多少分？——这些想法都是错的，抛开它们。

你真正要做的，是不断问自己：

"我今天为我的团队／家庭做了什么？"

"我帮助了我的队友／家人吗？"

"我所做的事情，是在为大家共同的目标而持续奋斗吗？"

大潜能的 SEEDS 原则

为了帮助更多的人激发更大的潜能，肖恩·埃科尔提出了经典的 SEEDS 原则。分别指的是：包围（surround）、赋能（expand）、巩固（enhance）、对抗（defend）和维持（sustain）。

- 包围：被积极的影响者包围。让积极的影响者潜移默化地影响你，帮助你成为更好、更优秀的自己。

- 赋能：赋能他人，成为积极的影响者。你要主动为他人带来好的影响，从而在团队内部形成良性循环。

- 巩固：赞美他人以巩固资源。不要吝啬你的赞美，你的肯定、支持和鼓励，往往能给整个团队带来意想不到的效果。

- 对抗：抵抗负面情绪。为自己构建一个能够抵御外界负面状况的防御系统。

- 维持：维持潜能增长。大潜能没有上限，前面四步都在帮助你不断提高上限，所以你要维持住这个增长的趋势。

1. 包围

首先，学会让自己的周围充满积极的影响者。

物以类聚，人以群分。毫无疑问，我们跟与自己相似的人在一起，会产生"知己"的感觉，沟通起来成本更低，相处时也更为舒适。但是，如果你想让周围的环境提高你的潜能上限，那你就得寻找到那些与你不尽相同的人。

你需要三种类型的朋友或队友："支柱""桥梁"和"扩充器"。

女生会有闺中密友，男生会有好兄弟，学生时代或许有全心教导你的老师，进入职场后可能有全力栽培你的上司……这些人在你低落时给你鼓励和依靠，在你迷茫时陪你寻找前进的方向，在你勇往直前时给你最大的支持——这便是"支柱"。

支柱不在于多，而在于精。有些人性格内敛，并不擅长交朋友，但却因为一两位贵人的提携，便走上了快速发展的道路。一定要珍惜你生命中的贵人，那些无条件信任你、看好你、支持你的人，在你起起落落的人生中，始终扮演着"支柱"的角色。

"桥梁"又是怎样的人呢？这一类人，会带你打开新世界的大门。他跟你现在的生活有交集，同时另一端又连接着你完全无法接触到的世界。依靠"桥梁"，你便能获得新的资源，走入新的领域。

在我还是一个学新闻的学生时，我一心想奔入互联网行业，却苦于找不到门路。最终，我通过校友会联系到了一位在网易工作的师兄，他为我介绍了网易新闻内容运营的实习。一年后，我以此为跳板，从传媒走向了真正的互联网，进入腾讯成为产品实习生。硕士毕业后，我进入一家市场占有率前三的科技公司任职产品经理。如果不是那位师兄作为"桥梁"，我根本不可能走向科技的前沿。

"桥梁"是为你提供机会的人。他的人脉和资源跟你部分重合，但又不完全重合。一个又一个的桥梁，带着你拓展事业的边界，引导你越走越远。

第三种角色叫作"扩充器"，他能拓展你生活的边界，对你产生积极的影响。你发现区别了吗？"桥梁"是拓展你事业的边界，而"扩充器"影响的则是你的现实生活。

举个例子，我是一个很不爱运动的人，但热爱健身的好友会拖着我去跑步、去爬山。去之前我不是特别乐意，但往往回家后身心十分舒畅；我还曾经发誓这辈子不会学做饭（小时候炸过电饭锅），然而我的大厨好友们不停地教我做健康餐，我便也放下了对厨房的恐惧，最后发觉下厨还是挺有乐趣的。

一成不变的生活是会给人带来负面影响的，而这些能够拓宽你的生活边界的朋友，则不断地带你去接触新鲜事物，让你在尝试新生活中变得更加积极向上。

2.赋能

在结交不同的好友之后，你还要学会"赋能他人"。

人生不能一味地索取，我们还要学会付出。相互提供积极的影响，才能形成好的循环。

我国的几家头部手机厂商，每年都会安排应届生去一二线城市"站柜卖机"。这些未来的研发人员首先要出售一个季度的手机，了解真实的消费者到底有什么样的需求，并和导购搞好关系。

其中一位手机产品经理告诉我，他都工作三年了，当年他站的那个门店的店长对他还是十分亲切，有什么新的客人动态，都会第一时间跟他说。

这一切来源于三年前一件很小的事。店长一如既往地对着他"抱怨"：隔壁牌子什么什么做得比我们强，很多消费者都会问什么什么功能……

对于店长来说，每次厂家来人，类似的话她都会抱怨一下。本来只是为了抒发一部分不愉快的心情，谁知道一年以后，她惊讶地发现，一年前去她那里的研发人员真的把她提的内容做到了新产品上！

也正因为此，她觉得自己观察到的线下细节是真的"有用"的，之后的日子便也更认真地去关注，去主动反馈。导购的意见变成了现实，这使她备受鼓舞。

这个案例给我的触动很大。它让我意识到，团队中的任何一个人，哪怕是个新人，哪怕做着流动性最高或者最不起眼的岗位，都有可能发挥出更多更大的能量。

这便是我们说的"赋能他人"。

赋能是双向的。它往往起源于让平时的执行者在某一件事上成为领导者或者主导者，让他们的想法有机会变成现实，从而使得这些人产生更多的热情，给整个团队增强力量，最终激发一个大的潜能。

这就是我们需要的良性循环。

不同的人在进行团队合作的时候，可能会产生两种完全不一样的心态。

一种是让团队领袖完完全全地承担领导者的角色。至于其他人，不在其位就不谋其政。

团队领袖负责决策，其他人负责执行，如果结果出现偏差，团队领袖往往要负很大的责任，但执行者也不能免责。但最重要的是，团队的决策通常只来源于领袖一个人的知识、经验和判断。

另一种心态则完全不同：这个团队虽然也有领袖角色，但决策的初始来源可能来自整个团队中的任何一员。全员都可以发挥自己的领导力，主动去主导他们擅长的、对全团队有益的那一部分事情。

毫无疑问，后者是更好的决策方式，因为：

- 减少了领导者独自决策的风险和压力。
- 提升了全团队成员的参与度和积极性。
- 思维的碰撞带来了更多的可能性。

当你的队友感受到自己不仅仅是去执行领导的决策，而且有可能执行自己的想法，并且自己的想法可能成为那至关重要的一环时，他们就可能发挥出你意想不到的巨大潜能。

如果整个团队都有这样的潜力，你们便会有更大的可能性做出卓越的成就来。

这些卓越的成就，最终又会反哺到你这个团队全员之一的身上——你参与过非常棒的项目，这昭示着你的个人能力和团队合作力。

你或许会反驳：如果我不是这个团队的领导者呢？那我要如何去赋能他人？

请务必相信，赋能他人，跟你在团队中所处的角色并没有那么大关系。只要你还处在合作状态中，那你随时都可以去做一些赋能他人的事情。

比如说，引导你的队友去思考，对他卓越的想法进行言语或行动上的支持，让他更加积极活跃，然后你们一起把事情更好地完成。

你肯定希望你周围有支柱、桥梁和扩充器，他人也是如此。那么，试着去成为别人的支柱、桥梁和扩充器吧！

3. 巩固

你要学会赞美他人，去巩固多边关系。

如果你想让你的队友更乐意亲近你，和你一起做事情，那么，你一定要学会发现对方的闪光点，并大声赞美出来。

赞美他人有一个"FFC原则"，指事实（fact）、感受（feeling）和比较（compare），这一原则在大多数场合都适用。

比如说，一个完美的FFC案例——你去海底捞被热情接待，那你就可以夸奖服务员："谢谢你主动送了我们果盘（事实），小朋友很喜欢吃（感受），别的火锅店服务都没有你们的好（比较）。"

这种赞美法则特别实用，你可以在非常多的社交场合使用它。它真诚又有说服力，你现在就可以对你母亲说："妈，你居然给我做了最爱吃的红烧肉，我开心'死'了，外面饭店都没你烧的好吃！"她保证乐开花。

但是，FFC原则唯独不适合团队合作的时候用！

因为从小到大的内卷化竞争与零和博弈，我们缺乏团队合作的精神，或者不擅长做这件事。

所以，FFC中的"比较"，是绝对不适合用在鼓励队友上的，会给人一种"如果我做得不是比他人要好，那就是不够好"的内在感觉。这是在暗示他人去竞争，去内卷，绝对不是发挥大潜能的正确操作。

你需要把 FFC 换成 FFI，I 指影响（influence）。

告诉你的队友：你做了什么（事实），我感觉如何（感受），给咱们团队带来了怎样的正面效果（影响）。

例如："小王，你在商品详情页最后添加了提示成交的内容，我之前都没有想到，果然转化率提高了！"

你看，同样真诚，同样有说服力，但并没有比较和内卷化竞争的意味。

你在告诉别人：不是因为你比别人做得好，我才欣赏你，而是你本身有着我欣赏的行为，所以我发自内心地赞美你。

赞美会引导大脑关注积极的行动，会使人更加自信，对下一步工作更跃跃欲试；而批判会让大脑集中在消极行为上，会让人产生挫败感。相比起批评和指责，多对团队成员进行赞美，反而更能提高团队整体的执行力。

在尝试着去赞美队友的时候，我们要注意不能陷入一个错误认知：仅赞美表现优异的对象。

我们从来只会赞美优秀的个人，小时候是考了前几名的小朋友，工作后是绩效排在最前面的绩优者。但如果我们想让"赞美"这一行为发挥更大的作用，我们则要摒弃这种观点，去赞美过程，而非结果。

你或许会有疑问：我们前面不是在强调结果为导向吗？怎么又开始赞美过程了？

以结果为导向没错。赞美是帮助他人达成更好结果的过程，它是过程本身。我们关注过程中团队成员的闪光点，就是为了更好的结果。

表扬过程，赞美任何一个努力过的个体，才能在过程中不断地发挥能量，带来更大的潜能。

光赞美个人还不够，你还要学会去赞美团队。

我曾经从一位很会"来事儿"的朋友身上学到：当你和别人讨论事情的时候，试着用"咱们"这个词来拉进两人之间的关系。

销售中最常用到这样的话术，连装修房子的都会说："您看，咱们家小孩儿鼻子敏感，最好装一个新风系统。"

你在团队里用"我们""咱们"这样的字眼，更是再理直气壮不过了。那为什么不用呢？

你完全可以做到以下几点：

- 赞美集体的努力与付出。
- 强调集体达成的优异成绩。
- 针对团体作品，弱化个人的贡献，以集体的名义示人。

英国摇滚乐队 Queen（皇后乐队）曾因队友之间的不

满与争执濒临解体。在他们冰释前嫌、重新合为一体后，做出的第一个决定便是以后所有的歌曲，都不再写明具体的作词作曲人，而是全部以 Queen 这个团体的名字示人。

以集体之名，让每一个人都心生动力、心有归属，潜力必将无限。

4. 对抗

人生中不可能处处一帆风顺，因此，我们不得不学会去对抗随时都有可能出现的消极影响。具体来说，就是各种负面情绪：悲伤、恐惧、愤怒、挫败，等等。

负面情绪主要有两种来源。

第一种是我们正在经历的事情。比如说小朋友考试没考好，先被老师骂，又被请家长，他还能开心吗？

第二种是周边的环境给我们带来负面情绪。例如，你在网上看见了性质很恶劣的社会新闻时，也会感到愤怒，为亲历者打抱不平。

对待负面情绪，我们最直接的思考是：该怎样避免被负面情绪所影响？

正确的角度是：我们该把有价值的事情找出来，呈现给自己。

我自 14 岁开始进行小说创作，一直给杂志供稿，而我记得有那么一阵子，我对自己的创作能力感到十分的挫败——因为我始终写不好小说中的战斗场面。

金庸等大家一场打斗可以写上几千字，一招一式都那么引人入胜。而我无论多么努力地去描写，都是三言两语结束战斗，辞藻华丽却空洞。

当时我的心态非常糟糕，甚至在想：我是不是就不擅长写这个，是不是根本就没有办法写好？

甚至于，我都想采用一些投机取巧的方式，比如说留白，绕过这一段写作。也就在这时，我意识到，我需要去调整自己的心态了。

因此，我开始试着转变我的想法——把思维集中于"我做了什么"，而不是"我做错了什么"。

其一，我为这一个场面写了好几个版本，虽然最新版本我仍然不满意，但比第一版要好多了。

其二，为了获得灵感，我阅读了大量的书籍，仔细揣摩了那些经典的战斗场景的写法与节奏。

这两点让我意识到，通过努力，我的确在进步，我在离自己满意的方向越来越近。也因此，我不再想着"我根本写不好"或者"绕过去不写了"，而是更积极地去解决问题。

这就是为什么在你因为现状而感到压力的时候，要多去想想"我做了什么"，而不是"我做错了什么"。

这是一种压力下的自救方式，它能帮助你从自我否定转换回自我肯定，重新从消极变得积极。

在恢复积极正面的心态之后，你就要继续思考如下三点：

- 找到压力的意义，为什么它（这件事）很重要？
- 找到压力为你带来的机会，而不是抱怨它。
- 重新定义失败。

对于我自己写作的经历来说：首先，我是一个小说创作者，把场景驾驭好是我必须掌握的技能，这是压力的意义所在；如果我在这次攻克了这一难关，那么以后我遇到战斗场景时都会写很顺利，这是压力带来的机会；虽然我当时写得并不好，但我可以准确分析出哪里不好、哪里有进步，这是我"重新定义失败"的过程。

如今，我再也不会为"写不好战斗场面"这种事情所困扰了。但这种面对自身压力的方式，比解决当下的问题更加重要。

除了你个人的生活和经历之外，你还会因为外界信息的干扰而产生一些负面情绪。可能是一些新闻，可能是来自亲友的讲述，甚至可能来源于你看的小说和电视剧……

适度的情绪释放是有好处的，但请务必不要让它们过度地侵扰你的生活。

特别是在一些你需要注意力高度集中的时间段，最好尽可能地避免自己去接触外界的干扰。比如说，不要过度关注负面信息或花边新闻，不要太参与同事之间的八卦等等。

要知道，对于网络上的负面内容创作者来说，你的注意力就是他们的KPI，你的每一次点击，你停留的时间，都会转化成他们的收入。如果你能想通这一点，那你就应该知道该怎样主动地去避开不必要的外界干扰了。

消极影响其实一点也不可怕，只要你知道该怎样去应对、怎样攻坚克难。

5.维持

SEEDS原则的前四项，已经是一个完整的方法论了。而最后一个收尾用的S，其实是为了打造一个闭环。

维持什么？维持良好的心态，维持更好的合作。

我们个人无论多么努力，都会存在上限。而"大潜能"是没有肉眼可见的上限的，它完全可以进行持续的增长。关键是，你要具备这种思维。

- 找到合作的意义所在，去拥抱它，而不是抵触。

- 不断地为自己创造积极的环境，特别是身边的人得
  给你带来积极的影响。

- 赋能他人，赞美他人，让双边和多边关系愈发牢固。

- 用正确的心态去应对消极的事物。

把这些想法镌刻在你的底层思维里，便是在形成一个"维持"的闭环。

精准执行，高效赋能

我曾经询问过很多人：你平时被什么事情所困扰？

得到的回答千奇百怪、五花八门。但真正进行总结后，我发现有两个最常见的烦恼经常出现在我们的日常生活中，影响我们的效能：

- 多余且没必要的讨论与会议。

- 突然出现的打扰。

高效会议法

一位工作于香港摩根士丹利的朋友，跟我提起过他们的"高效会议法则"：在每场会议开始之前，都会有主讲人把这场会议的时间、地点和内容提纲发送到所有参会人的邮箱，并抄送部门负责人。

凡是开会，必定会提前约好时间，而且会预先确定好主题、组织者、流程，会前需要阅读的材料会由部门秘书提前发送至邮箱，就连会议过程中的分工都会提前预设好。

　　这种方式对外企的工作者来说司空见惯，但在其他地方却很不常见。在国内大多数的企业里，大家都只是约定一个主题和时间，等全员都到齐后，再慢悠悠地开始讲前因后果、阅读资料，然后安静片刻，再由比较活跃的人先发言……以至于当我给在这些地方工作的朋友们介绍外企的会议方式时，他们都十分惊讶。

　　不过，另一种高效会议的方式，是我从国内的一家互联网公司学到的。BAT 等大型互联网公司充满了二十几岁的年轻人，他们特别善于"头脑风暴"，也就是一群人围绕一个单独的问题聚在一起，限时 5~15 分钟，独立思考、奋笔疾书，并在到点后按顺序分享自己刚才的思考与灵感。

　　根据过往的经验，你把一个议题通过邮件交给这群员工，让他们"带回家"去思考，第二天开会的时候再分享——肯定分享不出什么。因为大多数人都是临开会前才想起来还有这回事。

　　而现场头脑风暴就不同了。在这极短的时间里，所有人的大脑都在全速运转，思维高度集中，产生灵感的可能性要比慢悠悠的状态下高得多。在大家彼此分享观点之后，现场讨论，现场投票，很容易就能解决一个议题。

像这样的头脑风暴模式，反而是注重会议流程和规矩的外企不怎么去采用的。

所以，我建议你把这两种方式结合起来用。

如果是例会之类有固定主题和流程的会议，那就要提前做好准备工作，依次确认：

- 会议的主题。
- 时间、地点、与会人员。
- 流程、环节与内容。
- 每个环节下的发言人。
- 想要得到什么结果。

在开会之前，每一个参会人员都要阅读完相对应的材料，准备好自己要说的内容（哪怕只是个提纲），并且对全流程有清晰的认知。这样的话，会议进程就能最快速、最高效地完成，而不至于浪费时间。

但如果你面对的是"解决问题"的会议（而非例会），那我更建议你采用头脑风暴的办法：

- 一场会议只定一个主题。
- 创造一个绝对安静的空间。

- 5~15 分钟的头脑风暴时间。

- 按顺序分享观点与灵感。

- 会议主持人对大家提出的内容进行归纳总结。

- 进行不记名投票。

这样的会议方式更加集中，一针见血、切中要害，确保能得到一些还不错的观点和想法（无论是否"足够好"），并高效率地筛选出现阶段比较合适的那一个，形成一个解决方案。

选择哪种会议方式，取决于会议的形式和目的。不过，无论你选择哪一种，你都要防止一些常见的"会议病"。

- 病症一：本来会开得好好的，只是中途不知道谁先提了句题外话，接着你一言、我一语，整个会议就跑偏了。众人开始聊起了不重要的内容，甚至开启"唠家常"模式，并且根本没有收回来的意思。

- 病症二：明明会议已经结束了，但大家仍旧不愿意散。这往往是病症一的延续，本来半个小时的会议能拖成一个小时茶话会，还能混混时间逃避一下工作。

- 病症三：大家倒是很专注于解决问题，但却时不时在一些不必要的细节上死抠，甚至越扯越远。想法都很美好，然而实际上已经偏离主题很远了。

- 病症四：会议上产生了不同意见，越说越激动，硬是把会议变成了辩论赛现场。最终不仅问题没有解决，还使得队友之间相看两相厌，得不偿失。

这四种"会议病"相当常见，几乎人人都遇到过。不仅仅是工作场合，就连家庭会议，学校里的社团会议、班委会议等等，都处处体现着会议病。

所以，你一定要记住：开会务必拒绝跑偏，该结束的时候就结束！

杜绝"会议病"，就意味着需要有一个强有力的引导者。如果组织者做不到，那为了不耽误你宝贵的时间，我建议你亲自上。

其实你只要做好两点就行：

- 在大家试图跑偏的时候，立刻把他们拉回来。

"这个问题我们一会儿再讨论好吗？先把眼下这个解决一下。"有的时候，只是需要一句这样委婉的话，就可以把不必要的时间浪费减到最少。

- 在会议开始前，评估和确定结束的时间，会前告知所有人，并且到点绝不拖延。

不要小看高效会议法则。按年来算，它真的可以帮你节约大量的时间。我们为什么要把效能浪费在无意义的会议拖延和争吵上呢？冷静、理智、高效地把问题讨论完、汇报完，你便离强大的执行力又近了一步。

避免干扰

为什么我们总说要"专注"？因为"专注＝高效"。我们常用的番茄工作法，就是为了让你的精神集中起来，在某一段时间里集中精力去处理某一件事，把效能开发到最高。

但是，现实生活中总是充满了各种各样的打扰。自从移动通信设备被发明以来，我们的生活就在被碎片化所割裂。你无时无刻不在接触着外界的信息，专注似乎成了一件奢侈品。

我们平时为什么会被打扰？因为有人找。现代通信设备让人与人之间的联系变得更加高效和紧密，也就不再有从前车马邮件都很慢的旧日时光。但真的所有的信息传达都需要那么高效吗？都需要我们立刻着手去解决吗？这可不见得。

你可以试着回忆一下，如果他人真的因为很紧急的情况要联系你，那多半一个电话就打过来了；反而是不那么紧急的事情，会在微信里联系你，加一句"收到请回复"；

时效性要求再低一些，往往会先发一句"在吗"，看你反应再考虑要不要接着说下去；篇幅更长一些的，甚至会通过邮件来进行通知。

这就是我们防打扰的突破点——你一定要相信，如果真的有极为要紧的事需要你立刻解决，那么对方想尽一切办法也能联络到你。所以，你大可不必每时每刻都去理会那些不那么要紧的信息。

但我们现实中的做法往往本末倒置。我相信不少人有着手机静音却开启了各类 App 信息推送的习惯。结果就导致真正重要的来电我们因为静音而接不到，反而是手机上不断弹出的信息不断地分散我们的注意力，消耗着我们的专注力。

所以，你需要做的是：

- 首先，关掉 QQ、微信、邮箱等通讯软件的信息推送与横幅通知，仅保留小红点。
- 其次，在每日的固定时间检查邮箱，在一件事情的专注结束后再清理社交软件的信息。
- 再次，不要再让你的手机保持静音状态，确保想找你的人通过电话能找到你。
- 最后，不要立刻去解决没那么紧急的突发状况。

记住，如果有人在你保持专注时打扰你，你一定要告诉对方：我手上现在有事情在忙，预估几点钟结束，然后再开始处理你现在说的这件事。

做到这些后，你会发现你能过滤掉一大半"不那么紧急的干扰"。这会使得你的注意力更加集中。一次只执行一件事，那自然是高效的。主动隔绝不必要的打扰，是在为提升执行力做减法。

但光做到屏蔽社交软件还不够，因为很遗憾的是，我们日常生活中的很多打扰都是"自找的"。不信你回忆一下，你是不是每天都花费很多时间在今日头条、抖音、微博、知乎等 App 上？是不是你主动打开，然后就"刷"得停不下来了？

最可怕的是，我们主动寻找干扰而不自知，让生命慢慢地从指尖溜走。

美国媒体文化研究者、批判家尼尔·波兹曼在他的学术著作《娱乐至死》（*Amusing Ourselves To Death*）中提到，从印刷到电视，社会公共话语权的特征由曾经的理性、秩序、逻辑性，逐渐转变为脱离语境、肤浅、碎化，一切公共话语以娱乐的方式出现。

到了当代，从电视到移动互联网，从几分钟一条的电视新闻资讯到 30 秒的抖音小视频，我们原本已经被割裂、被碎片化的公共话语，再进一步进行了二次割裂。如果电视的年代是娱乐至死的年代，那当下又该用怎样的言语来形容呢？

我们自己所能做的最简单的事情，就是让自身离碎片化的娱乐话语远一些，再远一些。把你手机上的通知全部关闭，特别是资讯类，就连小红点也不要留下。

不过，完全让自己不接触外界信息当然是不可能的，也是矫枉过正的。我更建议你将效能型设备和娱乐性设备分开。比如说，我曾经尝试过卸载手机上的所有娱乐类、资讯类 App，但是把它们都装在平板上。这样既可以避免我在日常生活中主动寻求资讯打扰，又能让我休假在家拿起平板这一娱乐性设备时获得足够的放松。

结果出乎我的意料。我的手机统计我花在屏幕上的时间减少了 50% 以上。而我虽然在平板上保留了这些 App，但我不会随身携带平板，也不会在工作时间拿起平板，这就意味着我又为自己隔绝了很多不必要的干扰。这样，即使我还是会主动接触娱乐内容，我也是在休闲时间去接触的，既没有负罪感，也不会影响我的效能。

开源节流的效率培养法

你周围肯定有那种"能人"，他们效率惊人，能把24小时掰成48小时来用。我一度脑洞大开地觉得他们是不是像《哈利·波特》里的赫敏那样拥有一个时间转换器，能回到过去，再多做一些事情。

后来我发现，效率并非天赋，而是可以后天培养的。它不仅没有那么神秘，相反，还非常质朴。

提升单位时间的效率，在某种意义上来说，有点像"攒钱"的过程，其核心都是开源节流。

开源，是指你不断通过方式方法的优化，去给自己加速：区分优先级、以结果为导向、发挥自身的优势、学会团队合作等等，这些都是你对单位时间下效率的优化。节流，则是减少能耗，节约时间和精力，特别是那些干扰你的人和事，尽可能地都摒弃掉。双管齐下，你就给自己创造了一个"时间转换器"，将能更好地利用时间，在有限的时间里做更多的事。

后 记

　　我曾经是那种一上台演讲就会脸红，从未觉得自己可以承担复杂的任务，事情总要拖到最后一天才开始做的人。

　　这已经是很多年前的事情了，以至于我再回过头去看，竟然觉得彼时的自己陌生而又模糊。

　　人类天生是懒惰的。促使我们自我改变的，可能是巨大的压力，也可能是对现状的不满。那一刻来得很突然。就在一刹那，我开始真切地意识到：这样下去不行，那个弱小的人不是理想中的自己，更无法达成内心所期盼的成就。

　　后来，我逐步摸索、试探着改变自己，并逐渐成长为现在的样子。这是一个很漫长的过程。从不自律到自律，从低效到高效，从毫无逻辑到步步分明，我花了很长的时间形成一套自我提升的方法，并依靠它做到了很多年少时的我从未想过的事情。

　　这就是我所提炼出的"执行力"体系。在这个体系下行动的我，更加自信，对自己的人生也充满了掌控感。

这期间我走过很多的弯路，不断地进行自我修正；也遇到过很多优秀的人，并把他们给我的建议吸纳进来。现在，我把这些内容写成了这本书，并分享给你。

我在写作的过程中也会想：如果多年前那个突然意识到"这样下去不行"的我，能够有一个人把该如何去行动的体系一步步揉碎了告诉我，那就再好不过了。

正因为这样的事情不可能发生，所以我才选择成为这样的人。

我们的人生有很多的岔路口。有些岔路口很显眼：在哪里读书，选什么专业，去哪里工作，与谁结婚……我们知道这些事情会影响未来，因而一再慎重。但有些岔路口却是看不见的：一次未曾规划的旅途，偶然间遇见的那个人，随手拾起的那本书，甚至突然迸发在脑子里的灵感……只要些许的意外，就能让你的人生就此转弯。

如果这本书可以让你的人生轨迹往积极的方向靠近那么一点点，那便是我最大的荣幸了。